BEI GRIN MACHT SICH WISSEN BEZAHLT

Bibliografische Information der Deutschen Nationalbibliothek:

Die Deutsche Bibliothek verzeichnet diese Publikation in der Deutschen National-bibliografie; detaillierte bibliografische Daten sind im Internet über http://dnb.d-nb.de/ abrufbar.

Impressum:

Copyright © 2015 GRIN Verlag, Open Publishing GmbH
Druck und Bindung: Books on Demand GmbH, Norderstedt Germany
ISBN: 9783668245846

Dieses Buch bei GRIN:

http://www.grin.com/de/e-book/334543/suchmaschinenoptimierung-am-beispiel-aktueller-kampagnen-aus-dem-mittelstand

Anonym

Suchmaschinenoptimierung am Beispiel aktueller Kampagnen aus dem Mittelstand

GRIN Verlag

GRIN - Your knowledge has value

Der GRIN Verlag publiziert seit 1998 wissenschaftliche Arbeiten von Studenten, Hochschullehrern und anderen Akademikern als eBook und gedrucktes Buch. Die Verlagswebsite www.grin.com ist die ideale Plattform zur Veröffentlichung von Hausarbeiten, Abschlussarbeiten, wissenschaftlichen Aufsätzen, Dissertationen und Fachbüchern.

Besuchen Sie uns im Internet:

http://www.grin.com/

http://www.facebook.com/grincom

http://www.twitter.com/grin_com

DIPLOMA – HOCHSCHULE

University of Applied Sciences

Studiengang Medienwirtschaft und Medienmanagement

BACHELOR – THESIS

Suchmaschinenoptimierung

am Beispiel aktueller Kampagnen aus dem Mittelstand

Wissenschaftliche Arbeit zur Erlangung des akademischen Grades

Bachelor of Arts (B.A.)

Bearbeitungszeit:	24 Wochen
Abgabe am:	09. Dezember 2015

Inhaltsverzeichnis

Abkürzungsverzeichnis

Abkürzung	Definition
Abb.	Abbildung
AG	Aktiengesellschaft
ARD/ZDF	Öffentlich-rechtliche Rundfunkanstalten in Deutschland
CHF	Schweizer Franken
GmbH	Gesellschaft mit beschränkter Haftung
Link	Hyperlink als Querverweis auf Website oder Plattform im Internet
SEA	en: Search Engine Advertising – Suchmaschinenwerbung
SEM	en: Search Engine Marketing – Suchmaschinenmarketing
SEO	en: Search Engine Optimization – Suchmaschinenoptimierung
SMO	en: Social Media Optimization – Social-Media-Optimierung
SERP	en: Search engine results page – Suchergebnisseiten bei Google
Tab.	Tabelle
URL	en: Unique Relocation List – Internetadresse für Websites
Web	Bezeichnung für einen Teilbereich des Internets
WWW	en: World Wide Web – Internet

Abbildungsverzeichnis

Tabellenverzeichnis

Begriffsabgrenzungen

Benutzer und Benutzerin

Die vorliegende Bachelor-Thesis ist geschlechtsneutral verfasst. Der Einfachheit wegen wird weitgehend die allgemeine Form verwendet. Sie steht dabei stellvertretend für beide Geschlechter.

Unternehmen des Mittelstandes

Sämtliche Unternehmen, welche in dieser Arbeit aufgeführt sind, erfüllen die Kriterien eines mittelständischen Unternehmens. Eine genauere Definition zum Thema Mittelstand befindet sich in Abschnitt 1.3.

Zielgruppe der Bachelor-Thesis

Die gesamte Ausarbeitung richtet sich an Lesende mit Vorkenntnissen in den Bereichen Computertechnik und Internet. Allerdings soll sich die Arbeit nicht ausschließlich an Fachleute aus der Medienbranche richten.

1 Einleitung

Das Internet besitzt seit einigen Jahren einen festen Platz im Leben der meisten Menschen. Den Begriff *«Web 1.0»* hat es so nie gegeben. Trotzdem ist bekannt, dass das Internet, welches vor zehn Jahren angeboten wurde, nicht annähernd den Stellenwert in der Weltbevölkerung hatte wie das Internet im Jahr 2015. Jeder Mensch, der die technische Vorrichtung dafür besitzt, kann heute am Web teilnehmen. Bereits 76,80 Prozent[1] der deutschsprachigen Bevölkerung hatte im Jahr 2014 einen Internetzugang. Durch die mobile Nutzung wurde das Internet zunehmend zum Begleiter im Alltag.

Besonders Internetanwendungen wie die Suchmaschinen haben das Internet in kürzester Zeit populär gemacht, da mit ihnen für jegliche Probleme Hilfe gefunden werden kann. Von allen Internetanwendungen steht die Nutzung der Suchmaschinen mit 92,7 Prozent an erster Stelle, gefolgt von E-Mail-Diensten mit 87,4 Prozent und diverser anderer Aktivitäten.[2] Das bedeutet, dass der Großteil aller Anfragen im Internet mit der Eingabe in eine Suchmaschine beginnt. In den DACH-Staaten (bestehend aus Deutschland, Österreich und der Schweiz) wird bei über 90 Prozent aller Internetnutzer Google als Suchmaschine ausgewählt.[3] Google ist somit die wichtigste Suchmaschine im deutschsprachigen Raum und auch im weltweiten Vergleich. Aus diesem Grund wird der Fokus dieser Arbeit auf Google gelegt. Dies schließt jedoch auch andere Suchmaschinen in die Thematik ein.

Mit dem Durchbruch der Nutzerzahlen von Suchmaschinen wurde das World Wide Web (Internet, kurz: WWW) kurzerhand zu einer großen Werbefläche. Die meisten Anwender des Internets geben keine kompletten Adresszeilen mehr in den Internetbrowser ein, denn durch das sogenannte *«googeln»*[4], lässt sich die gewünschte Internetseite schneller und einfacher finden. Damit ist der Erfolg einer Website davon abhängig, wie gut diese in den Suchresultaten gefunden wird. Dabei sind die Platzierung und die

---

[1] Vgl. Dr. Schwandt, Dr. Friedrich, Kröger, Tim, Anteil der Internetnutzer in Deutschland in den Jahren von 2001 bis 2014, Hamburg, 2015, statista, http://de.statista.com/statistik/daten/studie/13070 (24. 09. 2015).
[2] Vgl. Dubrau, Claudia, internet facts 2015-05, Frankfurt am Main, 2015, AGOF, e.V, S. 11.
[3] Vgl. Aurich, Holger, Suchmaschinen Marktanteile DACH Region, München, 2015, komdat.com, www.komdat.com/blog/februar-2014-suchmaschinen-marktanteile-dach-region (29. 10. 2015).
[4] Vgl. Carstens, Olaf u. Feldmann, Wolf-Rüdiger, Berlin, 2015, Duden, www.duden.de/suchen/dudenonline/googeln (29. 06. 2015).

Sichtbarkeit der Website bei den Suchergebnissen auf Google (Search Engine Result Page, kurz: SERP) entscheidend. Es geht nicht nur darum, überhaupt in den Suchergebnissen zu erscheinen, sondern auch einen der ersten Plätze zu erreichen, denn genau hier werden die meisten Klicks getätigt.[5] Mit diesem Bestreben wurde die Suchmaschinenoptimierung (Search Engine Optimization, kurz: SEO) ein wichtiger Arbeitsbereich für das Marketing von Unternehmen. SEO beschreibt die verschiedenen Maßnahmen, die unternommen werden müssen, damit ein Unternehmen mit bestimmten Begriffen die bestmögliche Platzierung in den SERP von Google erhält.

Grundsätzlich ist es für alle Unternehmen von Bedeutung, dass sie mit ihrem Firmenauftritt von der potenziellen Kundschaft auf Google gefunden werden. Durch Angebote wie das Kartensystem Google Maps oder Online-Branchenbücher sind die meisten Firmen sogar bereits ohne ihr Wissen und Zutun im Internet präsent und teilweise mit Social Media wie Google+ und Facebook verknüpft. Firmen aus dem Mittelstand schenken dieser Entwicklung bislang wenig Beachtung. Im Gegensatz zu großen Unternehmen geben nur 19 Prozent aller Mittelständler Geld für gezielte Maßnahmen zur SEO von Internetseiten aus.[6] Doch gerade für diese Gruppe von Unternehmen kann Suchmaschinenoptimierung eine Möglichkeit darstellen, sich von der Masse abzuheben und Einzigartigkeiten zu stärken. Auf diese Weise kann eine neue Kundschaft gewonnen werden, welche über Offline-Werbung möglicherweise gar nicht erreicht wird. Eine Website zu besitzen, ist eine gute Basis für die Internetpräsenz eines Unternehmens, aber wie bereits beschrieben, bedarf es zu einer guten Erreichbarkeit der Kunden noch mehr. Entlang der Google Algorithmen, welche die Suchmechanismen von Google darstellen, führt der Weg zu einer besseren Positionierung der eigenen Website. Dabei gibt es Möglichkeiten, die SERP in der Suchmaschine gezielt zu beeinflussen. Websites können zum Beispiel mit kleinen gezielten Anpassungen attraktiv für die Suchmaschine gestaltet werden. Das weltweit führende Suchmaschinenunternehmen Google selbst hat mit Zusatzangeboten wie dem Unternehmenseintrag Google My Business und dem gekoppelten Social Media Google+ eine Plattform geschaffen, mit

[5] Vgl. Fischer, Mario, Website Boosting 2.0, Suchmaschinen-Optimierung, Usability, Online-Marketing, Heidelberg, 2. Aufl. 2009, S. 169.
[6] Vgl. Schwandt, Dr. Friedrich, Kröger, Tim, Jährliche Ausgaben kleiner und mittelständischer Unternehmen für SEO in Deutschland, Hamburg, 2015, statista, http://de.statista.com/statistik/daten/studie/208984 (29. 06. 2015).

der kostenlos ein offizieller Unternehmenseintrag verwaltet werden kann. Wobei auch dieser Unternehmenseintrag Einfluss auf die SERP der Suchmaschine Google nimmt.[7] Da Google nicht preisgibt, welche Algorithmen sicher zum Erfolg führen[8] und welche Aktualisierungen in der Suchmaschine vorgenommen werden, ist es für den logischen Aufbau einer SEO wichtig, sämtliche Erfahrungswerte anderer SEO-Spezialisten zu Rate zu ziehen. Erforderlich ist dabei, das Bewusstsein dafür, dass die fundierte SEO Ressourcen wie Zeit, Geduld bei der Recherche und Erfahrungswerte beansprucht und somit keineswegs kostenlos ist. Am Ende dieser Arbeit werden die theoretisch analysierten Einflüsse auf die SEO zusätzlich praktisch anhand von Fallstudien untersucht. Für das mittelständige Unternehmen Soldera GmbH (www.soldera.ch) wird eine Kampagne über SEO auf der bereits vorhandenen Website näher betrachtet und für die Dr. med. dent. Roberto A. Müller GmbH soll der neu erstellte Internetauftritt über Social Media analysiert werden.

1.1 Zielsetzung und Fragestellungen

Die vorliegende Arbeit analysiert die Wichtigkeit verschiedener Maßnahmen für die Suchmaschinenoptimierung bei Unternehmen mittlerer Größe. Es wird gezielt der Mehrwert von SEO für den Mittelstand untersucht, unabhängig von Branchen und Unternehmensstrukturen. Die Erreichbarkeit konkreter Ziele wird mit begrenzten finanziellen Mitteln angesetzt, dabei werden relevante Optimierungsmaßnahmen genauer betrachtet, gleichzeitig wird die Wechselwirkung von Social Media und Suchmaschinenoptimierung bei Google dargestellt. Zur Veranschaulichung möglicher SEO-Verfahren von mittelständischen Unternehmen werden reale Kampagnen aus der Praxis beleuchtet und ausgewertet. Folgende Forschungsfragen stehen dabei im Fokus dieser Arbeit:

- Wie wird die Basis für eine funktionierende SEO gelegt?
- Ist Google+ mit Google My Business für mittelständische Unternehmen eine gute Alternative zur lokalen SEO anstelle einer Website (wie in Kapitel 7 anhand der Fallstudien gezeigt wird)?

---

[7] Vgl. Faber, Ron, Google+, Das Plus für Ihr Social-Media-Marketing, Hamburg, 1. Aufl. 2013, S. 131.
[8] Vgl. Wenz, Christian u. Hauser, Tobias, Websites optimieren, München, 2. Aufl. 2013, S. 33.

1.2   Aufbau und Methodik

1 Einleitung		
1.1 Zielsetzung und Fragestellung	1.2 Aufbau und Methodik	1.3 Definition Mittelstand

⬇

2 Die Rolle der Suchmaschinen im Internet	
2.1 Die Firma Google	2.2 Funktion der Suchmaschinen

⬇

3 Online-Marketing: SEO, SMO und SEA

⬇

4 Konzeption der Suchmaschinenoptimierung		
4.1 Vorbereitung der SEO	4.2 SEO von Websites	4.3 SEA zur Unterstützung der SEO

⬇

5 Wechselwirkung Social Media und SEO		
5.1 Social Media als Kommunikationsform	5.2 Die größten Social-Media-Portale	5.3 Social Media für die SEO

⬇

6 Resümee der bisherigen Erkenntnisse

⬇

7 Exemplarische Fallstudien	
7.1 Kampagne Soldera GmbH - umfassende SEO	7.2 Kampagne Dr. med. dent. Roberto A. Müller GmbH - lokale SEO

⬇

8 Fazit und Ausblick

Abb. 1:   Aufbau und Methodik der Bachelor-Thesis

Die vorliegende Bachelor-Thesis ist wie in Abb. 1 dargestellt in sieben Kapitel unterteilt, die im folgenden Abschnitt erläutert werden. Das erste Kapitel beschreibt die Ausgangslage und den Kerngedanken der Arbeit in ihren Grundzügen. Das Ziel und die Fragestellungen im Bereich Suchmaschinenoptimierung für den Mittelstand werden dargestellt. Zudem erfolgt eine inhaltliche Abgrenzung der Thesis gegenüber Suchmaschinenoptimierung großer Unternehmen. In Kapitel 2 wird das Grundverständnis zum Thema Suchmaschinen vermittelt. Beschrieben werden dabei die Geschichte der Firma Google, die Funktionsweise der Suchmaschine und der Nutzen von Google für Unternehmen. Kapitel 3 folgt mit der Beschreibung des Online-Marketings anhand detaillierter Beschreibungen der drei Bereiche des Suchmaschinenmarketings. Kapitel 4 behandelt die theoretische Konzeption einer Suchmaschinenoptimierung für Websites und schließt damit an die vorhergehenden Abschnitte an. Es werden einzelne Strategien und Maßnahmen aufgezeigt, die auf die jeweiligen Internetauftritte projiziert werden können. Im Anschluss gibt das fünfte Kapitel Einblick in die Wechselwirkungen von Social Media und SEO. Dabei wird der Wissensstand über die aktuell größten Social-Media-Plattformen im gegenwärtigen Internet, dem sogenannten «Web 2.0», dargelegt. Mit dem Träger Internet für die Mund-zu-Mund-Propaganda und der Beleuchtung bekannter Social Media wie Google+ und Facebook wird auf die Relevanz von Suchmaschinenwirksamkeit der verschiedenen Plattformen abgezielt und mit einem Fallbeispiel untermauert. Im anschließenden sechsten Kapitel befindet sich ein Resümee der ersten fünf Kapitel in Bezug auf die Forschungsfragen. In Kapitel 7 werden der Aufbau und Verlauf zweier sehr unterschiedlicher Kampagnen aus der Praxis vorgestellt. Die Kampagnen werden für den Zeitraum 01. April bis 30. September 2015 untersucht. Es erfolgt eine Beschreibung der einzelnen SEO-Strategien anhand von Beispielen und der Vorgehensweise selbst. Mit Hilfe dieser Kampagnen werden Fakten aus der Theorie in Bezug auf die SEO im Mittelstand hinterfragt. Mit dem Vergleich beider Kampagnen werden die Resultate der gewählten Methoden und Plattformen der Suchmaschinenoptimierung, welche bei der Bachelor-Thesis ausgearbeitet wurden, bewertet. Zuletzt gibt das Fazit eine Zusammenfassung möglicher Antworten, die im Laufe der Arbeit analysiert wurden, und schließt mit Handlungsempfehlungen für die nächsten Perioden der SEO im Web 2.0 ab.

1.3   Definition Mittelstand

Üblicherweise werden Unternehmen nach ihrer Größe klassifiziert, allerdings gibt es keine offizielle Definition für den Begriff «*Mittelstand*» in den DACH-Staaten.[9] Das Zitat des Abgeordneten Georg Gothein von 1905 findet somit auch heute noch Anwendung:

«Was man nicht definieren kann, das spricht mit Mittelstand man an.»[10]

Gemäß der Europäischen Kommission gilt, dass kleine und mittlere Unternehmen quantitativ zwischen 50 und 250 Personen beschäftigen und höchstens einen Umsatz von 50 Millionen Euro pro Jahr erzielen oder eine Jahresbilanzsumme von bis zu 43 Millionen Euro ausweisen dürfen, um rechtlich als Unternehmen des Mittelstands zu gelten.[11] Das Institut für Mittelstandsforschung in Bonn weist ähnliche Zahlen auf, mit einer Mindestanzahl von zehn Beschäftigten und einem Umsatz von unter 50 Millionen Euro pro Jahr.[12] Gemäß Marion Hagenauer von der Wirtschaftskammer Österreich können in der Unternehmenspraxis aber noch andere Faktoren qualitativer Art, wie die effektive Unternehmensgröße, in Betracht gezogen werden, um Unternehmen zu kategorisieren.[13] So ist es möglich, dass ein kleines Unternehmen, welches in der Form einer AG geführt wird, nur acht Mitarbeitende, dafür aber einen jährlichen Umsatz von acht Millionen hat, als «*mittelständisch*» anerkannt wird. Weitere Merkmale für mittelgroße Unternehmen sind häufig die enge Verbundenheit mit ihrem Standort und Inhaber oder Gesellschafter, die das Geschäft selbst führen.[14] Alle in dieser Arbeit aufgeführten Unternehmen entsprechen den hier angegebenen Richtwerten für den Mittelstand.

---

[9] Vgl. Erlhofer, Sebastian, Suchmaschinen-Optimierung, Das umfassende Handbuch, Bonn, 7. Aufl. 2014, S. 42.
[10] Gothein, Georg, Mittelstand und Fleischnot, Berlin, 1. Aufl. 1906, S. 7, Nach einem am 20. Oktober 1905 in Greifswald gehaltenen öffentlichen Vortrag.
[11] Vgl. Centre for Strategy & Evaluation Services LLP, Evaluation of the SME definition, Sevenoaks England, 2012, S. 10.
[12] Vgl. Welter, Prof. Dr. Friederike, Mittelstandsdefinition, Bonn, 2015, IfM Bonn, http://www.ifm-bonn.org/mittelstandsdefinition/definition-kmu-des-ifm-bonn (01. 11. 2015).
[13] Vgl. Hagenauer, Marion, Wirtschaftskammer Niederösterreich, Telefonat zum Thema mittelständische Unternehmen vom 11. 08. 2015.
[14] Vgl. Fischbach, Christina u. Mack, Julia, Mittelstandskommunikation, Konstanz, 1. Aufl. 2008, S. 17 - 20.

2 Die Rolle der Suchmaschinen im Internet

Das Internet entstand 1957 in den USA und gilt als die größte Errungenschaft im Informations- und Kommunikationswesen seit dem Buchdruck. Nach über 50 Jahren Lebensdauer gehört es auch heute noch zu einer neuen und aktuellen Technologie. Erst im Jahr 1993, als alle Internetseiten miteinander verknüpft werden konnten, wurde die Technik für die öffentliche Nutzung freigegeben.[15] Die Unterschiede zwischen dem heutigen Internet, welches als Web 2.0 bezeichnet wird, und dem damaligen Internet sind groß. Mit der Programmiersprache JavaScript wurden erstmals statische Dateien immer mehr zu einem benutzerfreundlichen Programm. Mit der auf Basis von *«JavaScript»* entwickelten Programmiersprache *«PHP»* und durch die *«MySQL»*-Datenbanken ergeben sich interaktive und flexible Webseiten, die immer wieder mit neuen Bausystemen angepasst werden können.[16] Das Web 2.0 bietet im Jahr 2015 einen hohen Qualitätsstandard für Websites und gleichzeitig eine vereinfachte Anwendung der einzelnen Bausteine. Private Nutzer sowie Unternehmen jeder Größe haben dabei die Möglichkeit, von den derzeitigen Gegebenheiten zu profitieren und können zielgerichtet eine Website aufbauen. Inzwischen besteht das Internet aus einer unfassbar großen und weiter steigenden Menge an Informationen. Um diese Menge ordnen und überschauen zu können, bieten die Suchmaschinen eine Art Stichwortverzeichnis für das Internet. So kann in der unüberschaubaren Masse an Informationen eine persönlich relevante Selektion vorgenommen werden. Auf die Frage, wer über die Suchmaschinen sucht, kann geantwortet werden: *«Alle»*. Im Google Kompendium von 2010 heißt es: *«Fast jeder Internetnutzer verwendet Google.»* und *«Wir alle gehen auf Tuchfühlung mit Google – mal mehr, mal weniger.»*[17] Das Umfrageresultat der Firma AGOF e.V. mit einem Durchschnitt von 91 Prozent Suchmaschinennutzenden bei den Zehn- bis 59-Jährigen[18] bestätigt diese Aussage. Auch bei der Generation über 60 Jahre steigt der Trend der Internetnutzung.[19] Ergebnisse dieser Art fordern Unternehmen heraus, am

---

[15] Vgl. Von der Helm, Daniel, Entwicklung des Internet, Hamburg, Daniel Von Der Helm, http://dvdh.de/internet/entwicklung-des-internet.html (01. 07. 2015).
[16] Vgl. Damaschke, Giesbert, PHP & MySQL, Der Web-Baukasten für Einsteiger und Individualisten, Weinheim, 1. Aufl. 2014, S. 28.
[17] Smith, Jon, Google Kompendium, Zürich Schweiz, 1. Aufl. 2010, S. 12.
[18] Vgl. Dubreau, 2015, S. 7 - 11.
[19] Vgl. Pelzer, Guido u. Sommeregger, Thomas u. Linnenbrink, Ricarda, Google AdWords, Das umfassende Handbuch, Bonn, 1. Aufl. 2015, S. 32.

digitalen Markt aktiv mitzuwirken. Auch wenn gemäß einer ARD/ZDF-Studie die breite Masse das Internet verwendet, ohne selbst aktiv Inhalte zu publizieren[20]; potenzielle Kundschaft befindet sich rund um die Uhr auf Google.

2.1 Die Firma Google

Bereits Mitte der 1990er-Jahre gab es die ersten Suchmaschinen. Das Projekt Google entstand 1997 als eine Art Test der beiden Studenten Larry Page und Sergey Brin an der Stanford University. Nach dem Scheitern anderer Suchmaschinen wurde 1998 erstmals die Adresse *«www.google.com»* registriert. Gemäß dem Motto der beiden Gründer: *«Engagiere so viele begabte Softwareentwickler wie möglich und lass ihnen alle Freiheiten der Welt»*[21] wurde die Suchmaschine Google mit dem Ziel gegründet, das Internet zu revolutionieren und die gesamte Welt zu vernetzen.

Für Google stand schnell fest, dass Suchergebnisse nach qualitativen Kriterien gelistet werden müssen. Denn die Suchenden klicken in 99 Prozent der Fälle auf der ersten Seite der SERP und möchten nach Möglichkeit auf den ersten Plätzen die Websites mit dem für sie höchsten Mehrwert finden.[22] Damit Google dieser Aufgabe gerecht werden kann, wurden schon beim Einführen der Suchmaschinendienste Qualitätsrichtlinien in Form des Google-Algorithmus für Internetseiten eingeführt, wodurch Websites, welche die von Google bestimmten Kriterien am genauesten erfüllen, auch die besten Plätze in der Suchmaschine erhalten. Dieser Algorithmus wurde bis heute beibehalten und immer wieder angepasst. Über die Jahre hinweg gab es bei Google eine ganze Historie an Updates, das heißt technische Neuerungen und Überarbeitungen, die mehr als nur die Google-Startseite veränderten. So wurde im Jahre 2003 mit dem *«Florida-Update»* der gesamte Such-Algorithmus angepasst und im Jahr 2012 mit dem *«Venice-Update»* bei Suchanfragen erstmals der Standort der Nutzenden berücksichtigt.

Laut Sebastian Erlhofer führt Google nach eigenen Angaben, neben diesen größeren Updates, *«fast täglich kleinere Updates aus.»*[23] Das bisher größte Update im Jahr 2015 war das sogenannte *«Phantom-Update»*. Die genauen Auswirkungen dieses Updates

---

[20] Vgl. Van Eimeren, Birgit, Onlinenutzung, Onlineanwendungen 2014 nach Geschlecht und Alter, Hamburg, 2015, http://www.ard-zdf-onlinestudie.de/index.php?id=502 (12. 10. 2015).

[21] Schmidt, Eric, Wie Google tickt, Frankfurt am Main, 1. Aufl. 2015, S. 20.

[22] Vgl. Fischer, 2009, S. 169.

[23] Erlhofer, 2014, S. 792.

sind unter Experten noch nicht eindeutig belegt worden, weshalb hier keine detaillierte Beschreibung formuliert werden kann.

Da Google mit circa 95 Prozent[24,25] in allen DACH-Staaten und auch weltweit[26] aktuell der führende Suchmaschinenanbieter ist, kommt anderen Anbietern, die zur Suche im Internet verwendet werden können, beispielsweise Yahoo, Bing sowie kleineren lokalen Anbietern, nur geringe Bedeutung zu (Tab. 1). Fallbeispiele in dieser Ausarbeitung beziehen sich daher, wie in der Einleitung bereits erwähnt, ausschließlich auf die Suchmaschine Google. Zudem können die technischen Strukturen der Suchmaschine Google größtenteils auch auf die anderen Suchmaschinenanbieter übertragen werden.

Suchmaschine	Juli 2015
Google	94,99 %
Bing	2,73 %
Yahoo	1,68 %
T-Online	0,75 %

Tab. 1:   Suchmaschinenverteilung in Deutschland[27]

Da die Google-Suche kostenlos angeboten wird, finanziert sich Google überwiegend durch Werbeeinnahmen, die mit dem Anzeigenprogramm Google AdWords generiert werden.[28] Zudem verkauft die Firma Google unterschiedliche Serviceleistungen an Unternehmen[29] und verdient an Patentrechten und Nutzerdaten, was nach Angaben von Statista einem weltweiten Umsatz von 66 Mrd. US-Dollar entspricht.[30] Auf die

---

[24] Vgl. Aurich, Holger, Suchmaschinen Marktanteile DACH Region, München, 2015, komdat.com, www.komdat.com/blog/februar-2014-suchmaschinen-marktanteile-dach-region (29. 10. 2015).
[25] Vgl. Maier, Lila, Suchmaschinen Marktanteile Europa 2014, Köln, 2014, lunapark, www.luna-park.de/blog/9142-suchmaschinen-marktanteile-europa-2014 (01. 11. 2015).
[26] Vgl. Schwandt, Dr. Friedrich, Kröger, Tim, Marktanteile der Suchmaschinen weltweit nach mobiler und stationärer Nutzung im Juni 2015, Hamburg, 2015, statista, http://de.statista.com/statistik/daten/studie/222849 (11. 10. 2015).
[27] Vgl. Hemken, Heiner, Rehberg, Constantin u. Wiesenströer, Stephan, Suchmaschinenverteilung in Deutschland, Norden, 2015, seo-united.de, www.seo-united.de/suchmaschinen.html (14. 08. 2015).
[28] Vgl. Alby, Tom: Web 2.0, München, 3. Aufl. 2008, S. 12 - 13.
[29] Vgl. Schmidt, Eric, Google Produkte, Mountain View USA, 2015, Google, www.google.ch/intl/de/about/products (01. 11. 2015).
[30] Vgl. Schwandt, Dr. Friedrich, Kröger Tim, Statistiken und Studien zu Google, Hamburg, 2015, statista, http://de.statista.com/themen/651/google (06. 10. 2015).

Verwendung von Personendaten durch Google wird in Abschnitt 2.2.3 der Bachelor-Thesis eingegangen.

2.2 Funktion der Suchmaschine

Einige Milliarden von Internetseiten werden derzeit in Bruchteilen von Sekunden mit Suchmaschinen durchsucht. Als Ergebnis erhält der Suchende eine Liste, sortiert nach Ort, Rang und Namen. Alltägliche Anfragen und Antworten werden von der Suchmaschine Google determiniert. Um eine lokale Pizzeria zu finden, führt *googeln*[31] einfach und schnell zum gewünschten Ergebnis. Das Internet ist vergleichbar mit einer riesigen digitalen Bibliothek von unzählig vielen Webseiten zu allen möglichen Themen. Als umfangreiches Programm versucht Google die gesamte Bibliothek zu ordnen und erlaubt Benutzern, das Gesuchte zu finden.[32] Damit mit Google gearbeitet werden kann, ist es erforderlich zu wissen, wie eine Suchmaschine vorgeht, um die passenden Ergebnisse einer Suchanfrage zu liefern. Das Vorgehen der Suchmaschine verläuft grundsätzlich über zwei Hauptfunktionen, die Erfassung und Speicherung der Daten in einem Index und die Ausgabe einer Rangliste von Websites zum eingegebenen Suchbegriff.

Das Computerprogramm «*Web-Robot*» verbindet die Suchmaschinen mit dem Internet. Websites werden durch diese Roboter aus dem World Wide Web ausgelesen und durch die Verarbeitungsmodule «*Information-Retrieval-Systeme*» in einem dafür geeigneten Format angeordnet und regelmäßig aktualisiert. Begriffe werden analysiert und damit identifiziert, die das behandelte Thema der Website am Genauesten beschreiben. Anschließend gelangen sämtliche Informationen in den großen Speicher, der aus Dokumentenindex «*Document Index*» und dem Depot «*Repository*» besteht. Die erkannten Worte werden dann per Querverweis zum Dokument in den Index der Suchmaschine aufgenommen. Nachdem die Website im Datenbestand «*Query-Prozessor*» von Google ihren Platz auf der Ergebnisliste hat, kann sie per Eingabe über die Suchmaschine gefunden werden.[33,34] Durch den Google-Algorithmus

---

[31] Vgl. Carstens, Olaf u. Feldmann, Wolf-Rüdiger, Berlin, 2015, Duden, www.duden.de/suchen/dudenonline/googeln (29. 06. 2015).
[32] Vgl. Erlhofer, 2014, S. 213 - 216.
[33] Vgl. Von Bischopinck, Yvonne u. Ceryp, Michael, Suchmaschinen-Marketing, Konzepte, Umsetzung und Controlling für SEO und SEM, Heidelberg, 2. Aufl. 2009, S. 34 - 35.

wird dann die Relevanz der einzelnen Seiten bestimmt. Abb. 2 veranschaulicht den beschriebenen Ablauf in einem einfachen Funktionsaufbau.

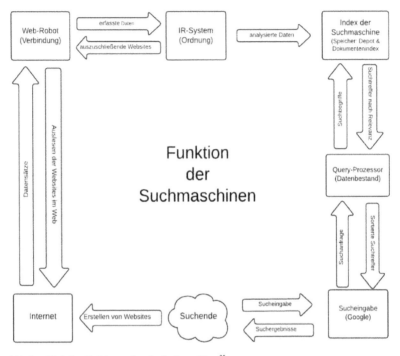

Abb. 2:   Einfacher Funktionsaufbau der Suchmaschinen[35]

---

[34] Vgl. Janecek, Filip, Die Suchmaschinen Architektur, Rorschach Schweiz, 2015, SEO-Zengarten, www.seo-web-agentur.ch/de/suchmaschinen-architektur.html (21. 07. 2015).
[35] Eigene Darstellung in Anlehnung an Von Bischopinck u. Ceryp, 2009, S. 35.

Damit Google die nötigen Informationen überhaupt finden kann, müssen Inhalte auf der Website von den verwaltenden Personen bereitgestellt werden. Hauptsächlich werden die Inhalte in Textform aufbereitet.[36] Genau hier setzt die Suchmaschinenoptimierung an. Textinhalte sollten so publiziert werden, dass die Suchmaschine sie erkennen, ordnen und nach Möglichkeit positiv auswerten kann.

2.2.1 Ranking-Faktoren von Google

Der umfassende Google-Algorithmus ist ein Geheimnis der Firma Google.[37,38] Dennoch gibt es Erfahrungswerte darüber, welche Kriterien bei der Platzierung von Internetseiten in der Suchmaschine Google berücksichtigt werden. Angefangen von Überschriften bis hin zum Aktualisierungsdatum von Websites hat Brian Dean der Firma Search Engine Journal circa 200 verschiedene Ranking-Faktoren veröffentlicht, die den Google-Algorithmus bestimmen.[39] Auch andere Quellen beschreiben die in etwa 200 verschiedenen Kriterien der Suchmaschine, beispielsweise Erlhofer.[40] Wie in Abschnitt 2.1 dargelegt, kann es durch Updates des Such-Algorithmus auch hinsichtlich dieser Ranking-Faktoren immer wieder zu Änderungen kommen. In Anhang 3 können die aktuellen Kriterien eingesehen werden. Die Bedeutung dieser Suchfaktoren wird anhand der Fallstudien im Kapitel 7 mit Beispielen aus dem Mittelstand exemplarisch erläutert. Grundsätzlich sind die qualitativen Faktoren des Algorithmus in technische Faktoren wie Ladezeiten einer Website, inhaltliche Faktoren wie den Seitentext und in sonstige Faktoren zu untergliedern. Die Studie[41] aus dem Jahr 2014 von Searchmetrics fasst einige der wichtigsten Kriterien für die Positionierung in der Suchmaschine zusammen. Die sogenannten *«Onpage-Faktoren»*, die unmittelbar auf der Website angewendet werden, stellen dabei die wichtigsten Faktoren dar. Sie umfassen den strukturierten Seitenaufbau einer Website, sorgen für die Verwendung von relevantem Datenmaterial und können das Ranking einer Website direkt positiv beeinflussen.

---

[36] Vgl. Löffler, Miriam, Think Content! Content-Strategie, Content-Marketing, Texten fürs Web, Bonn, 1. Aufl. 2014, S. 338 - 340.
[37] Vgl. Kirchhoff, Sabine: Online-Kommunikation im Social Web, Mythen, Theorien und Praxisbeispiele, Regensburg, 1. Aufl. 2014, S. 269.
[38] Vgl. Smith, 2010, S. 12 - 13.
[39] Vgl. Dean, Brian, Google's 200 Ranking Factor, Deerfield Beach USA, 2015, SEJ, www.searchenginejournal.com/infographic-googles-200-ranking-factors/64316 (20. 09. 2015).
[40] Vgl. Erlhofer, 2014, S. 29.
[41] Vgl. Tober, Marcus, Ranking-Faktoren, So sind die Karten 2015 gemischt, Berlin, 2015. searchmetrics, www.searchmetrics.com/de/knowledge-base/ranking-faktoren (17. 07. 2015).

Relevanz hat zudem das Platzieren von Hyperlinks, kurz: *«Links»* auf einer Website, die als Querverweis innerhalb einer Website oder als Verbindung zu anderen Websites erstellt werden können. Zusätzlich sind *«Backlinks»*, das sind Links, die von anderen Internetseiten auf die eigene Website führen, nützlich und dienen als Bemessungsgrundlage für eine gute Platzierung der eigenen Internetseite auf Google. Backlinks gehören dabei zur Kategorie *«Offpage-Faktoren»*, welche die Maßnahmen beschreiben, die von außerhalb auf die Internetseite einwirken. Weitere Informationen zu diesem Thema folgen in Abschnitt 4.

«Social Signals», also aus den Social Media stammende Signale und Links, die von den Plattformen Google+ oder Facebook kommen, stellen gemäß der Studie dagegen kein direktes Signal für das Ranking einer Website dar, zählen jedoch als Bonus für die SEO. Mögliche Wirkungen der Social Media in Bezug auf die SEO werden in Kapitel 5 genauer untersucht.

2.2.2 Anzeige der Suchergebnisse

Wird eine Suchanfrage über Google gestellt, dann lassen sich die Ergebnisse der SERP den verschiedenen Bereichen zuordnen. Der erste Bereich umfasst den Kernteil der Suchresultate auf Google, die organischen Suchergebnisse, welche kostenlos sind und sich grundsätzlich auf dem ganzen Ergebnisfeld der ersten Seite der SERP sowie auf allen weiteren Ergebnisseiten befinden. Der zweite Ergebnisbereich von Google zeigt die bezahlten Werbeanzeigen an. Diese werden immer über, neben oder unter den organischen Einträgen platziert und müssen als Werbung gekennzeichnet sein. Der dritte Bereich umfasst sogenannte *«universelle»* Suchergebnisse. Dieser Bereich ist kostenfrei und daher als ein Unterbereich der organischen Suche zu verstehen. Gelistet werden bei den universellen Ergebnissen spezielle Einträge, zum Beispiel lokale Einträge aus der Anwendung Google My Business, Schlagzeilen und Videos. Die Ansicht der Platzierungen ist abhängig von den Voreinstellungen in der Suchmaschine und von der spezifischen Sucheingabe (Anhang 2). Abhängig von Browser und Standort lässt sich eingrenzen, welche Ergebnisse auf lokaler Ebene angezeigt werden sollen. Die folgende Abbildung zeigt den Aufbau einer möglichen Ansicht der SERP bei der Suchanfrage auf www.google.de nach *«Banken Mannheim»*. Der rot hinterlegte Bereich des Ausschnitts bezieht sich auf die bezahlten Werbeanzeigen in der Suchmaschine.

Diese Anzeigen werden in der Anwendung Google AdWords geschaltet und verfolgen andere Ziele als die SEO, welche in Kapitel 3 genauer dargestellt werden. Im gelb markierten Bereich folgen die Ergebnisse der lokalen Ebene, die direkt mit den Plattformen Google+ und Google My Business verknüpft sind. Schließlich befinden sich im grün markierten Bereich die organischen Suchergebnisse. Der lokale und der organische Bereich von Google können durch die Suchmaschinenoptimierung direkt beeinflusst werden, indem die Vorgehensweisen der nachfolgenden Kapitel bei der SEO berücksichtigt werden. Zusammenhänge aus der Praxis werden hierzu mit den Fallstudien im Kapitel 7 der Arbeit vermittelt. Dabei zeigt sich, dass ein suchmaschinenorientierter Websiteaufbau zu besseren Ergebnissen für den Mittelstand führen kann.

Abb. 3:   Ansicht der Suchresultate auf Google[42]

---

[42] Manuelle Eingabe auf www.google.de: www.google.de/#q=Banken+Mannheim (21. 08. 2015).

2.2.3 Kritikpunkte am Informationsmonopol von Google

Neben all den Chancen, die Google durch die SEO für Privatpersonen und Unternehmen bietet, sollten für die vollumfängliche Betrachtungsweise auch kritische Punkte in Bezug auf die Verwendung von persönlichen Nutzerdaten und die Alleinstellung von Google berücksichtigt werden. Dieser Abschnitt beleuchtet deshalb umstrittene Maßnahmen der Datenspeicherung und die Monopolstellung von Google etwas näher.

Kritikpunkt Datenspeicherung

Niemand muss über Google suchen, doch fast jeder tut es, da dieser Dienst in seiner Qualität unübertrefflich scheint. Damit Google die hohe Präzisierung seiner Suchalgorithmen sichern kann, werden in einem zweiten Index, neben dem Dokumentenindex, sämtliche Nutzerdaten organisiert. Die personenbezogenen Daten werden entnommen und stehen ausschließlich für die interne Verwendung von Google bereit.[43] Somit ist jeder Klick auf Google, zusätzlich zur Suchanfrage, eine Art Stimmabgabe der suchenden Personen an die Firma Google. Die automatische Nutzbarmachung von sämtlichen Daten der Nutzenden kann als äußerst problematisch angesehen werden. Denn selbst wenn die Suchenden nicht bei Google eingeloggt sind, werden Daten von Google personalisiert und mit dem jeweiligen Standort in Verbindung gebracht, von dem aus die Suchenden im Internet recherchieren.[44] Google behält sich zudem das Recht vor, weitere Analysen zu den einzelnen Personen zu starten, ohne die Nutzenden ausreichend darüber aufzuklären, zu welchem Zweck und in welchem Umfang die Untersuchungen vorgenommen werden.[45] Das selbstbestimmte Handeln des Individuums kann dabei in Frage gestellt werden, da Anwendende nicht mehr überblicken können, welche Daten der Suchmaschine als Folge bestimmter Handlungen vorliegen. Der Preis der kostenlosen Angebote bei Google sind somit die persönlichen Daten aller Nutzenden. Einen Großteil der Nutzerschaft, der bereits freiwillig mit persönlichen Informationen in der Öffentlichkeit steht, wird dies jedoch

---

[43] Vgl. Becker, Konrad u. Stalder, Felix, Deep Search. Politik des Suchens jenseits von Google, Innsbruck, 1. Aufl. 2009, S. 113.
[44] Vgl. Pariser, Eli, Filter Bubble, Wie wir im Internet entmündigt werden, Krugzell u. Regensburg, 1. Aufl. 2012, S. 38 - 42.
[45] Vgl. Becker u. Stalder, 2009, S. 113.

mit hoher Wahrscheinlichkeit auch in Zukunft kaum abschrecken, da möglicherweise die Sensibilität gegenüber der möglichen Risiken nur sehr schwach ausgeprägt ist.

Kritikpunkt Monopolstellung

Wie in den vorhergehenden Abschnitten beschrieben, ist Google die mit Abstand meistgenutzte Suchmaschine, die momentan existiert. Alle Betreibenden von Websites sollten theoretisch die gleichen Chancen haben, eine gute Platzierung in den SERP von Google zu erreichen, weil Google sich als neutraler Vermittler bezeichnet.[46,47] Die Erfahrungen mit Suchergebnissen zeigen jedoch, dass circa das gesamte erste Drittel der SERP gefüllt ist mit Werbeanzeigen und lokalen Einträgen, welche aus dem Hause Google stammen. Die Chancengleichheit würde somit nur für die unteren zwei Drittel der SERP bestehen, welche aber – wie in Kapitel 1 dargestellt – weniger bedeutsam für die Suchenden sind. Hier kann Google zwar entgegensetzen, dass die lokalen Einträge unmittelbar mit unabhängigen Websites verbunden sind und Werbeanzeigen nicht mit der organischen Suche zusammenhängen. Kritische Anwender sollten sich jedoch mit den Entwicklungen dieses Sachverhaltes auseinandersetzen, um das volle Spektrum der SEO auf Google erfassen und auskosten zu können.

---

[46] Vgl. Linke, Mario, SEO Guru, Suchmaschinenoptimierung für Anfänger, Fortgeschrittene und Profis, Norderstedt, 1. Aufl. 2014, S. 40.
[47] Vgl. Becker u. Stalder, 2009, S. 171 - 173.

3 Online-Marketing: SEO, SMO und SEA

Die Grundlage, um überhaupt im Internet vertreten sein zu können, stellt für die meisten Unternehmen eine eigene Website oder ein eigener Internetauftritt über ein Online-Branchenbuch dar. Das Online-Marketing setzt an dieser Grundlage an und beschreibt die verschiedenen Möglichkeiten des Marketings im Internet.[48] Hierzu zählen Werbeanzeigen auf Internetseiten, welche als *«Bannerwerbung»* bezeichnet werden, wie auch diverses Online-Marketing über E-Mail, Video und sonstige Online-Angebote. Das Suchmaschinenmarketing (Search Engine Marketing, kurz: SEM) wird in die Bereiche SEO und Suchmaschinenwerbung (Search Engine Advertisement, kurz: SEA) unterteilt und ist mit der Social-Media-Optimierung (Social Media Optimization, kurz: SMO) verbunden, wie es die Abb. 4 veranschaulicht.

Abb. 4:   Online-Marketing[49]

Ziel des gesamten Suchmaschinenmarketings ist eine gute Auffindbarkeit des Unternehmens im Internet durch eine bessere Positionierung in den SERP von Google und darauf resultierende Handlungen, wie beispielsweise Produktanfragen. Die Bereiche SEO in Verbindung mit der SMO und SEA werden in den nachfolgenden Kapiteln näher beleuchtet und stellen die Basis für die vorliegende Ausarbeitung dar. Die Fallstudien zeigen dann, wie die Bereiche konkret bei Kampagnen im Mittelstand

---

[48] Vgl. Düweke, Esther u. Rabsch Stefan, Erfolgreiche Websites, Online-Marketing, Usability, Bonn, 1. Aufl. 2011, S. 27 - 28.
[49] Eigene Darstellung in Anlehnung an Düweke u. Rabsch, 2011, S. 28.

angewandt werden können. Hier sollen sie zunächst als grundlegende Begriffe definiert werden.

Im Teilbereich SEO des Suchmaschinenmarketings geht es primär darum, eine Website so auszugestalten, dass mögliche Interessenten die Seite in den organischen SERP von Google finden und anklicken können. Eine einheitliche Definition von Fachleuten gibt es für die SEO bislang jedoch nicht.[50,51] SEO kann also, ähnlich wie in Abschnitt 1 beschrieben, die verschiedensten Maßnahmen beinhalten, die unternommen werden müssen, damit ein Unternehmen mit bestimmten Begriffen die bestmögliche Platzierung in den kostenlosen Suchergebniseinträgen von Google erhält, wodurch qualifizierte Besucher auf einer Internetseite gewonnen werden können.

Die Website ist fast immer der Kern für die Präsenz eines Unternehmens im Internet. Da eine Website im Web 2.0 erst durch die Sichtbarkeit in der Suchmaschine erfolgreich ist, sollte es ein Ziel des Marketings sein, interessierten Benutzern den Zugang zur Website über Google zu erleichtern. Mit einfachen und kostengünstigen Schritten konnten Websites vor einigen Jahren auf die erste Seite in den SERP gebracht werden.[52] Auch heute lässt sich der Aufwand für SEO begrenzen, wenn ein strukturierter Prozess für die jeweilige Kampagne ausgearbeitet wird, wie an den Fallstudien für den Mittelstand in Kapitel 7 der Arbeit deutlich wird. Durch die jährlich großen Updates der Firma Google und die wachsende Anzahl an Konkurrenz im Bereich SEO empfiehlt es sich, einzelne Ranking-Faktoren genau anzusehen und eine fundierte Strategie zu erarbeiten. Dabei sollten nicht alle möglichen Ranking-Faktoren (Anhang 3) akribisch umgesetzt, sondern vielmehr die wichtigsten Punkte ganz genau ausgearbeitet und analysiert werden. Neben der guten Vorbereitung einer SEO-Strategie gehört Geduld nach der Umsetzung einer Kampagne – bestenfalls zunächst in einer Testphase – dazu. Die Suchmaschine benötigt erfahrungsgemäß immer mehrere Wochen, um alle Seiten einer Website zu indexieren. Suchmaschinenoptimierung muss, wenn sie dauerhafte Ergebnisse aufweisen soll, daher konsequent betreut und angepasst werden. Diese Optimierung muss nicht täglich stattfinden, vielmehr sollten SEO-

---

[50] Vgl. Wenz u. Hauser, 2013, S. 16.
[51] Vgl. Kirchhoff, 2014, S. 268 - 269.
[52] Vgl. Von Bischopinck u. Ceryp, 2009, S. 117.

Beauftragte feste Zeitfenster einplanen, in denen Auswertungen und Verbesserungen einer Kampagne vorgenommen werden können.

Themenspezifische Internetseiten, auch *«Landingpages»* genannt, Social-Media-Einträge und andere Publikationen im Internet können ebenfalls für die SEO eingesetzt werden, jedoch im Rahmen der SMO. In abgewandelter Form müssen hierbei die wichtigsten Kriterien des Google-Algorithmus befolgt werden, wobei ein systematisches Vorgehen für die erfolgreiche Umsetzung erforderlich ist. Bevor eine Plattform für die Suchmaschine optimiert werden kann, sollte geklärt werden, welche Erfahrungswerte es bei der Verwendung der einzelnen Portale in Bezug auf die SEO gibt. In Kapitel 5 erfolgt eine nähere Darstellung der Wechselwirkungen zwischen Social Media und Suchmaschinenoptimierung und ein Fallbeispiel verdeutlicht die Unterschiede der Wirksamkeit zweier verschiedener Social-Media-Kanäle in Bezug auf die SEO.

SEA schließlich bezeichnet die Werbeanzeigen, die durch Google AdWords generiert und am oberen rechten Rand der Google SERP eingeblendet werden. Die Anzeigen bewerben einzelne Leistungen einer Unternehmung und führen, wie die organischen Suchergebnisse, auf die Website eines Werbetreibenden. Allerdings werden mittels der Anzeigen Unterseiten der Website aufgerufen, auf denen konkrete Handlungen der Besuchenden angeregt werden sollen, beispielsweise der Kauf eines Produktes. Google AdWords dient somit nicht primär der besseren Auffindbarkeit einer Website, sondern der direkten Erreichbarkeit spezifischer Bereiche und Produkte. Da es bei den Einstellungen der Werbeanzeigen von AdWords jedoch Schnittstellen gibt, die mit der Pflege des SEO-Bereiches übereinstimmen, besteht die Möglichkeit, dass SEO und SEA bei zeitgleicher Verwendung Synergien bilden. Aus diesem Grund werden vorhandene Schnittstellen in den nachfolgenden Abschnitten der Bachelor-Thesis aufgezeigt.

4 Konzeption der Suchmaschinenoptimierung

Unternehmen mittlerer Größe haben vielfach eine Website als Marketinginstrument für das Internet mit einer eigenen kleinen Abteilung für das Marketing.[53] Oftmals sind die Mitarbeitenden dieser Abteilung mit Pressemeldungen und Messen aber so ausgelastet, dass das Thema SEO beiseitegelegt oder abgegeben wird. Eine aktuelle Studie von Statista zeigt, dass der Aufwand von mittelständischen Unternehmen für SEO in Deutschland noch gering ist. Mitunter ist dies auf die Unternehmensgröße, Branche oder Firmenstruktur zurückzuführen. So gaben 22 Prozent aller Befragten an, null Euro für SEO auszugeben und nur sieben Prozent aller Befragten geben aktuell über 500 Euro aus.[54] Die Repräsentativität der Umfrage kann zwar in Frage gestellt werden, da 59 Prozent aller Umfrageteilnehmenden keine Angaben gemacht haben, es wäre jedoch auch denkbar, dass ihnen SEO als unternehmerische Tätigkeit noch gar nicht geläufig ist. Insgesamt ist erkennbar, dass dem Bereich Suchmaschinenoptimierung noch wenig Beachtung geschenkt wird. Vergleichsweise wird in SEA deutlich mehr investiert. Laut der Studie von Schwandt und Kröger geben 62 Prozent aller Befragten aus dem Mittelstand Geld für die SEA aus.[55]

4.1 Vorbereitung der SEO

Grundsätzlich ist das Hauptziel der Suchmaschinenoptimierung, mit den für die Thematik der Website relevanten Begriffen, die bestmögliche Platzierung auf Google zu erreichen und von potenziellen Kunden gefunden zu werden. Dadurch soll ein reger Besucherverkehr auf der Website generiert werden. Um eine solide Grundlage dafür zu schaffen, müssen für jede SEO-Kampagne vorab klare und realistische Individualziele definiert werden. Im ersten Schritt gilt es, sich einen Überblick darüber zu verschaffen, welche Themen vermarktet werden sollen und wie die Zielgruppe aussieht. Weiterhin sind die Ziele abhängig vom Standort, der Konkurrenzsituation und davon, ob

---

[53] Vgl. Schindler, Martin, Jedes 6. deutsche Unternehmen ohne Homepage, München, 2014, NetMediaEurope Deutschland GmbH, www.silicon.de/41599521/jedes-6-deutsche-unternehmen-noch-ohne-homepage (10. 11. 2015).
[54] Vgl. Schwandt, Dr. Friedrich, Kröger, Tim, Jährliche Ausgaben kleiner und mittelständischer Unternehmen für SEO in Deutschland, Hamburg, 2015, statista, http://de.statista.com/statistik/daten/studie/208984 (29. 06. 2015).
[55] Vgl. Schwandt, Dr. Friedrich, Kröger, Tim, Anteil mittelständischer Unternehmen nach jährlicher Ausgabenhöhe für Suchmaschinenwerbung, Hamburg, 2015, statista, http://de.statista.com/statistik/daten/studie/208986 (21. 08. 2015).

bereits Internetseiten des Unternehmens existieren und wie bekannt die aktuellen Unternehmensseiten sind. Zu Beginn der Kampagne muss deshalb geklärt werden, ob bereits verwendbare Inhalte in Form von Texten und Bildern vorhanden sind, oder ob die gesamte Thematik inklusive Fließtext neu verfasst werden muss. Außerdem ist es erforderlich, dass Websites und Portale jederzeit angepasst werden können und die notwendigen Ressourcen zur Verfügung stehen. Aus diesem Grund muss vor Veranlassung einer Kampagne ein klares Kosten-Nutzen-Verhältnis vorliegen.[56] Denn egal ob externe Dienstleister oder eigene Mitarbeiter für die Suchmaschinenoptimierung eingesetzt werden, der Prozess SEO ist nicht kostenlos und immer mit Zeit und Geld verbunden.

4.1.1 Formulieren von Kampagnenzielen

Das Anliegen einer SEO-Kampagne ist, es mit den wichtigsten Suchbegriffen an der Spitze der SERP von Google zu landen. Die individuelle Zieldefinition variiert dabei von Unternehmung zu Unternehmung oft stark. In Kapitel 7 dieser Arbeit werden SEO-Kampagnen anhand von Fallstudien in Mittelstands-Kampagnen (Soldera GmbH und Dr. med. dent. Roberto A. Müller GmbH) explizit auch anhand ihrer Zieldefinition erläutert. Nachfolgend werden zunächst einige kurze Beispiele stellvertretend für konkrete Zieldefinitionen bei SEO-Kampagnen angeführt.

Beispiel: Das Unternehmen A möchte mit den Begriffen Kochen, Backen, Waschen und fünf weiteren Begriffen in der Region Konstanz präsent sein. Das heißt, A möchte mit den folgenden Keywords auf www.google.de gefunden werden: *«Kochen Konstanz»*, *«Backen Konstanz»*, *«Waschen Konstanz»*. Das Unternehmen B dagegen möchte mit den Begriffen Tanzlehrer in ganz Deutschland auf Google zu finden sein. Das heißt, B möchte unter folgender Eingabe auf www.google.de gefunden werden: *«Tanzlehrer»*.

Schon diesem einfachen Beispiel kann entnommen werden, wie groß die Unterschiede verschiedener SEO-Strategien sind. So gibt es Unternehmen, die sich geografisch einschränken möchten, und Unternehmen, die eine globale Sichtbarkeit anstreben. Wieder andere Unternehmungen möchten mit mehreren unterschiedlichen Angeboten gleichzeitig gefunden werden. Wie umfangreich, kosten- und zeitintensiv eine

---

[56] Vgl. Erlhofer, 2014, S. 62 - 65.

SEO-Kampagne werden kann, muss der individuellen Situation entnommen werden. Ziele sollten in jedem Fall klar formuliert werden, sodass ein Soll-Ist-Vergleich möglich wird und von Anfang an der Überblick über die Zielerreichung gewahrt bleibt. Zudem sollten die Ziele nach dem SMART[57]-Schema festgelegt werden. Das bedeutet, dass Ziele spezifisch für das jeweilige Unternehmen festgehalten werden und durch objektive Methoden messbar sein müssen. Für den Unternehmer der Kampagne sollte das Erreichen des Zieles zudem attraktiv wirken, damit es zu aktivem Handeln anregt. Zugleich müssen die gesetzten Ziele realistisch sein, sodass sie innerhalb eines gesetzten Zeitrahmens erreicht werden können. Außerdem sollte die Zielerreichung einen festen Termin verfolgen, wie im nachfolgenden Beispiel eines Transportunternehmens, aufgezeigt wird.

Beispiel: Ein Transportunternehmen mit bereits SEO-optimierter Website bietet seit einer Woche Umzugsservices an. Innerhalb von zwei Monaten soll die Sichtbarkeit der Thematik auf Google in der Region Bodensee erreicht werden. Es ist dabei irrelevant, dass die Begriffe *«Lieferwagen leihen»* und *«Transportfahrzeug»* bereits eine gute Platzierung aufweisen, da diese Bereiche auf Google schon bekannt sind. Die Spezifikation ist die Positionierung des Begriffes *«Umzugsservice Bodensee»*.[58] Das Erreichen des Zieles ist dadurch attraktiv, dass das Unternehmen seinem Umzugsservice mittels der Kampagne mehr Bedeutung schenken kann. Die Erfolgsaussicht ist innerhalb eines gegebenen Zeitraumes von etwa zwei Monaten realistisch, da die Website schon zuvor für die Suchmaschine optimiert war. Durch die manuelle Eingabe der optimierten Begriffe in die Suchmaske sind die Kampagnenziele messbar.

Neben den hauptsächlichen Zielen ist es erforderlich, feste Zeiten für die Zwischenauswertung der Kampagne einzuplanen. Denn nur durch das regelmäßige Messen von Kampagnen können vermeintliche Fehler ausgebessert und Folgemaßnahmen eingeleitet werden. Mit Hilfsmitteln wie Google Analytics oder auch Sistrix kann das Rapportieren der Ergebnisse erleichtert werden. So kann über die Anwendung Sistrix beispielsweise ermittelt werden, welche Positionierung die gewählten Suchbegriffe eingenommen haben und welchen Sichtbarkeitsindex die gesamte Website aufweist.

---

[57] Die SMART Strategie setzt sich zusammen aus: Spezifisch, Messbar, Ausführbar, Relevant und Terminiert. Das zielorientierte Schema wird in verschiedenen Bereichen einer Unternehmung angewendet.
[58] Vgl. Erlhofer, 2014, S. 77.

Der Sichtbarkeitsindex setzt sich aus dem sogenannten «*Traffic*», der die Nutzerintensität einer Internetseite beschreibt, der Website und aus den Suchbegriffen zusammen. Dabei wird der allgemeine Stellenwert der Website in der Suchmaschine angegeben. So ist der «*Sichtbarkeitsindex der Domain zalando.de über die letzten drei Jahre kontinuierlich gestiegen. Hierdurch kann belegt werden, dass alle SEO-Bemühungen nachhaltig erfolgreich waren und bis heute sind.*»[59]

Ergänzend zu den primären Zielen einer SEO-Kampagne können Reaktionen und Abläufe von Besuchern, wie zum Beispiel das Tätigen von Klicks oder die Eingabe in einen Routenplaner, angestrebt werden. Ein Folgeziel dabei ist, die Steigerung der Bekanntheit einer Firma, wodurch mehr Umsatz generiert wird.[60] Mit der SEO selbst haben diese Ergänzungen wenig zu tun. Sie sind als natürliche Folge auf die Platzierung in der Suchmaschine zu sehen. Das bewusste Einbauen und Messen der Zusatzziele ist möglich und nach einer gewissen Zeit der erfolgreichen Suchmaschinenoptimierung auch ratsam. Mögliche Steigerungen des Traffics, höhere Markenbekanntheit, neue Kundschaft, verbesserte Wettbewerbsfähigkeit oder sinkende Kosten für AdWords stellen mögliche Folgen der SEO dar. Weiterführende Zusatzziele, wie die oben benannten, würden den Rahmen dieser Arbeit sprengen und werden daher nicht näher betrachtet.

4.1.2 Aufwand einer SEO-Kampagne

Die Kampagnen werden entlang der Qualitätsrichtlinien von Google zur Such-maschinenoptimierung ausgerichtet. Dabei bleibt die Frage offen, wie alle in Anhang 3 abgebildeten Ranking-Faktoren[61] auf einer einzigen Website berücksichtigt werden sollen. Im Hinblick auf das Budget von Unternehmen mittlerer Größe scheint das Vorhaben der SEO fast unmöglich zu sein. Anhand vereinfacht umzusetzender Vorschläge unter Berücksichtigung von vordefinierten Zielen kann die SEO jedoch auch mit eingeschränkten Ressourcen realisierbar sein, ohne die einzelnen Faktoren akribisch abzuarbeiten.

---

[59] Beus, Johannes, Wie eine SEO KPI identifizieren und nutzen, Bonn, 2015, Sistrix, www.sistrix.de/frag-sistrix/seo-kpi/wie-seo-kpi-identifizieren-und-nutzen (18. 08. 2015).
[60] Vgl. Weinland, Kim, Top-Rankings bei Google und Co., Bonn, 2. Aufl. 2014, S. 203 - 204, S. 70 - 71.
[61] Vgl. Dean, Brian, Google's 200 Ranking Factors, Deerfield Beach USA, 2015, SEJ, www.searchenginejournal.com/infographic-googles-200-ranking-factors/64316 (20. 09. 2015).

Da jede SEO-Kampagne ihre Ziele etwas anders ausrichtet,[62] sollte vor dem Entwickeln der SEO-Strategie geklärt werden, was mit der individuellen Suchmaschinen-optimierung erreicht werden soll. Zur Abgrenzung können realistische Zielgrößen festgelegt werden. Erst im Anschluss daran sollte überlegt werden, welche Ressourcen zur Verfügung stehen und wie die Aufgaben umgesetzt werden können. Dabei spielen sowohl die Zeit als auch das Budget für die Kampagne eine große Rolle. Bevor eine Kampagne erstellt wird, ist es erforderlich, dass Informationen zum aktuellen Wissensstand über die Mechanismen der Suchmaschine vorliegen, sodass Erfahrungs-werte von spezialisierten Personen ausgewertet und auf die eigene Kampagne projiziert werden können. Im Anschluss daran können einzelne Optimierungsschritte, nach Prioritäten geordnet, umgesetzt werden. Dabei ist das Aktivieren der SEO-Kampagne ein bedeutender Schritt, denn sind die vorbereiteten Maßnahmen erstmals online, muss bereits in der ersten Zeit eine regelmäßige Überwachung stattfinden, zum Beispiel über manuelle Eingabe von Suchbegriffen in die Suchmaschine oder mittels unterstützender Tools, um den Verlauf der Kampagne in die richtige Richtung zu steuern. Unterstützende kostenpflichtige Tools sind beispielsweise: StatCounter und Sistrix, mithilfe derer die Positionierung der Suchbegriffe in den SERP oder auch den Sichtbarkeitsindex der Website gemessen werden kann. Sistrix wird bei der Auswertung der exemplarischen Fallstudien in Kapitel 7 beispielhaft zur Untersuchung der Kampagne Soldera GmbH verwendet, um eindeutige Ergebnisse zu liefern. Ein allgemein wichtiger Aspekt bei der Auswertung von SEO-Kampagnen ist es, Geduld zu bewahren. Erste aussagekräftige Resultate können in der Regel frühestens einen Monat nach Aktivierung der Kampagne ermittelt werden, wie es auch im Anhang 6 beschrieben wird. Besteht eine solide Basis, dann können alle weiteren SEO-Maßnahmen um einiges zeitsparender ausfallen. Der regelmäßigen Pflege und Weiterentwicklung der eigenen SEO sollte jedoch kontinuierlich Beachtung geschenkt werden. Denn Kontinuität und Weiterentwicklung im Bereich SEO sind Faktoren, welche dauerhaft gegen ein *«Herumirren im Nebel»*[63] helfen und zu einem gewinnbringenden Weg in der Suchmaschinenoptimierung für die Website und auch für andere Internetseiten eines Unternehmen führen. Die für die SEO spezialisierten

---

[62] Vgl. Grappone, Jennifer u. Couzin, Gradiva, Search Engine Optimization, An Hour a Day, New Jersey USA, 1. Aufl. 2006, S. 22.
[63] Erlhofer, 2014, S. 27.

Personen sollten deshalb auch regelmäßig über die neuesten Google-Updates informiert sein, deren Auswirkungen zeitnah ermitteln und in die Kampagne einfließen lassen. Die positive Umsetzung von SEO-Kampagnen wird mit den Fallstudien im Kapitel 7 der Arbeit deutlich. Hier konnten mit der Zeit und durch Genauigkeit bei der SEO neue qualifizierte Besucher verzeichnet und die Reichweite – regional und überregional – ausgedehnt werden.

4.2   SEO von Websites

Nutzende von Suchmaschinen wünschen sich, dass die Ergebnisse einer Suchanfrage möglichst frei von Werbung und qualitativ hochwertig sind. Das Bewusstsein, dass Suchmaschinenoptimierung für Menschen durchgeführt wird, ist an dieser Stelle elementar. Die Suchmaschine wertet Suchergebnisse aus, ähnlich wie der Mensch, der die Sucheingabe tätigt. Damit Google aber auch technisch wertvolle Gegebenheiten bei der Bewertung einer Website einfließen lassen kann, die dem bloßen Auge verborgen bleiben, muss die Suchmaschine noch mehr analysieren können. Um den Anwendenden das bestmögliche Informationsmaterial zu liefern, werten Suchmaschinen sowohl qualitative Inhalte, als auch technische Gegebenheiten der Website aus. Da der Zusammenhang zwischen technischen und qualitativen Faktoren meist fließend ist, wird in der nachfolgenden Ausführung hierbei nicht separiert. Es wird allerdings zwischen den Onpage-Faktoren, die direkt auf der Website vorgenommen werden, und den Offpage-Faktoren, die von außerhalb auf die Website wirken, unterschieden. In Kapitel 7 werden diese Faktoren dann auf die Fallstudien bezogen dargestellt.

4.2.1 Suchbegriffe für die SEO

Ein großer Teil der erfolgreichen SEO hängt von der richtigen Wortwahl ab. Daher ist es als Basis für die Suchmaschinenoptimierung unverzichtbar, relevante Suchbegriffe festzulegen, mit denen die Suchenden auf die jeweiligen Internetseiten gelangen.[64] Um die passenden Suchbegriffe zu finden, muss sich der Werbetreibende in den Besuchenden hineinversetzen, denn alle Menschen, die sich in den Suchmaschinen bewegen, schicken zuerst eine Suchanfrage, mit der sie nach einer für sie wichtigen

---

[64] Vgl. Grappone u. Gradiva, 2006, S. 109.

Information fragen. Dabei möchte die SEO den Suchenden beste Lösungen liefern. Gemäß der Zielformulierung der Kampagne muss nun die Frage nach den richtigen Keywords betrachtet werden. Bei einer Website sollten Suchbegriffe themenspezifisch verfasst werden. Nach Yvonne Bischopnick gibt es in dieser wichtigen Phase drei Kriterien für relevante Keywords:[65]

• Themen-Adäquatheit (Relevanz)

Keywords sollten den Inhalt einer Seite möglichst genau beschreiben, das bedeutet, es ist wichtig für den Inhalt und repräsentiert das Angebot.

• Nutzungspotenzial (Suchhäufigkeit)

Ein Keyword sollte eine möglichst hohe Suchhäufigkeit aufweisen, denn nur wenn danach gesucht wird, kann die entsprechende Seite gefunden werden. Es wird vom Suchvolumen eines Keywords gesprochen.

• Quantitative und qualitative Mitbewerberstärke (Wettbewerb)

Die Mitbewerber bestimmen den Wettbewerb um ein Schlüsselwort, somit entscheidet die Konkurrenz über die Schwierigkeit, ein Keyword zu optimieren.

Demzufolge sollte die Startseite einer Website die zum Fließtext und zur Branche passenden Schlüsselbegriffe enthalten, welche möglicherweise vom Besuchenden in der Suchmaschine abgefragt werden. Die Unterseite einer Website sollte dagegen detaillierte themenspezifische Worte enthalten, die durch spezielle Interessenkreise ebenfalls zu einer besseren Positionierung der gesamten Website beitragen können.[66] Um Produkte zu bewerben, müssen die Begriffe noch gezielter gesetzt werden, zum Beispiel gilt für die SEO eines Onlineshops, je konkreter das Kaufinteresse ist, desto gezielter sollten die Suchbegriffe sein. Dabei setzen sich spezifische Suchanfragen oftmals aus mehreren Wörtern zusammen.

Beispiel: Die Suchbegriffe für eine Website eines Anbieters für Trachtenmode könnten somit folgendermaßen aussehen:

• Trachtenmode (Startseite der Website)
• Trachtenmode Damen (Unterseite mit dem Thema Damen)
• Günstige Dirndl Damen (Onlineshop der Website)

---

[65] Vgl. Von Bischopinck u. Ceryp, 2009, S. 174.
[66] Vgl. Düweke u. Rabsch, 2011, S. 434.

Für die Recherche der Keywords können dabei alle relevanten Begriffe aufgestellt werden. Dazu bietet sich ein Brainstorming an, bei dem alle wichtigen Suchbegriffe festgelegt werden. Daran anschließend können die Begriffe bei Bedarf mit dem sogenannten *«Keyword-Planer»* von Google AdWords als Anwendung für die Recherche von Suchbegriffen ausgeweitet und spezialisiert werden. Über den Keyword-Planer kann auch in Erfahrung gebracht werden, welche Formulierungen die Internetanwender häufig verwenden.[67] Abzuraten ist grundsätzlich von zu allgemeinen Begriffen, weil diese zum einen stärker umworben werden und zum anderen oftmals nicht das spezifische Ziel einer Unternehmung verfolgen, da sie oft allgemeinsagend sind und teilweise zu unterschiedlichen Bedeutungen führen.

Beispiel: Die Schreinerei Kaspar Flütsch Vitalmöbel AG in Graubünden (Schweiz) produziert hochwertige Holzmöbel. Die Besonderheit der Möbel ist, dass nur gesundes Mondholz zur Verarbeitung der Möbelstücke verwendet wird und dass sämtliche Beratung getreu der Feng Shui Richtlinien erfolgt. Die scheinbar wichtigsten Begriffe wären hier auf den ersten Blick: *«Schreinerei»*, *«Möbelschreinerei»* und *«Holzmöbel»*. Da diese Begriffe allerdings sehr allgemein sind und auf den Unterseiten der Website vermehrt auf Feng Shui und die gesunde Holzverarbeitung eingegangen wird, sollten im Hinblick auf die suchende Zielgruppe vor allem die spezifischen Begriffe optimiert werden, da die potenzielle Kundschaft verstärkt danach sucht, wie aus dem Keyword-Tool geschlossen werden kann. Beispiele hierfür sind die Wörter: *«Mondholz»*, *«Feng Shui Möbel»*, *«gesunde Möbel»* und *«Mondholz Möbel»*.[68] Eine Kundschaft, die explizit auf der Suche nach gesunden Holzmöbeln ist, sucht in der Regel nämlich nicht nach gewöhnlichen Möbeln aus Holz. Im Anhang 5 befinden sich weitere Daten zur Unternehmung Kaspar Flütsch Vitalmöbel AG.

An dieser Stelle muss erwähnt werden, dass die Suchmaschine Schreibfehler indexiert, welche die erwünschten Ergebnisse verfälschen können.[69] Die Groß- und Kleinschreibung wird von Google dagegen nicht beachtet. Es ist in jedem Fall sinnvoll, ausreichend Zeit für die sorgfältige Ausarbeitung der Suchbegriff-Struktur einzuplanen,

---

[67] Vgl. Smith, 2010, S. 22.
[68] Eingabe und Messung der Suchbegriffe auf: https://adwords.google.com/ko/KeywordPlanner/Home (22. 09. 2015), Login notwendig.
[69] Vgl. Grappone u. Gradiva, 2006, S. 111.

da nachträgliche Anpassungen immer erst in den Suchindex aufgenommen werden müssen, was zusätzliche Zeit für die erneute Indexierung bedeutet.

Die finale Auswahl der einzelnen Keywords muss anschließend den unterschiedlichen Seiten einer Website zugeteilt werden. Eine grundsätzliche Regel ist dabei, pro Unterthematik der Website nach Möglichkeit nur einen Suchbegriff zu optimieren.[70]

4.2.2 Onpage-Faktoren

Bei der Optimierung der Onpage-Faktoren werden verschiedene Elemente des Website-Quellcodes suchmaschinentechnisch berücksichtigt. Eines der mächtigsten Werkzeuge im Bereich SEO ist dabei der gesamte schriftliche Inhalt einer Website. Beim Verfassen der Seitentexte sind Kenntnisse im Bereich SEO erforderlich, denn Suchbegriffe werden erst durch die Platzierung im Text für die Suchmaschine greifbar. Das bedeutet zum einen, dass der Fließtext so formuliert sein sollte, dass die zuvor festgelegten, themenspezifischen Begriffe zur jeweiligen Unterseite vorhanden sind, wobei möglichst für jedes Keyword eine eigene Themenseite innerhalb der Website erstellt werden sollte und zum anderen, dass der Textinhalt gut lesbar sein muss.[71] Ist ein Text sinnvoll geschrieben, das heißt, gibt er die Thematik der Seite in qualitativ hochwertigen Sätzen wieder, wird das von der Suchmaschine berücksichtigt.[72] Google untersucht auch die einzelnen Worte eines Textes. An dieser Stelle wirken nun die Suchbegriffe. Sinnvoll eingesetzt, geben sie der Suchmaschine genau das, was schließlich zu einer guten Platzierung führt. Seit dem «Panda-Update» von Google im Jahr 2011 ist darauf zu achten, dass eine bestimmte Keyword-Dichte eingehalten wird. Bei dieser Keyword-Dichte wird definiert, wie oft ein Suchbegriff im Verhältnis zum gesamten Text auftreten darf. Der offizielle Wert von Google ist dabei nicht bekannt.[73] Auf Websites von Mitbewerbern ist die Inspiration hinsichtlich der Keyword-Dichte aber möglich. Außerdem gibt es Anwendungen wie beispielsweise «http://rapid.searchmetrics.com», welche ein gutes Bild von einer optimalen Seitenstruktur vermitteln.[74] So darf bei einem

---

[70] Vgl. Promny, Thomas, Grundlagen der Suchmaschinenoptimierung, It's not a trick - It's knowledge, Hamburg, 1. Aufl. 2009, S. 8.
[71] Vgl. Düweke u. Rabsch, 2011, S. 436.
[72] Vgl. Fischer, 2009, S. 305 - 308.
[73] Vgl. Smith, 2010, S. 12 - 13.
[74] Vgl. Eingabe zur Ermittlung der Keyword-Dichte: http://rapid.searchmetrics.com/de/seo-tools/keyword-tools/keyword-density,18.html,result#r, (24. 07. 2015).

Text mit insgesamt 100 Wörtern das Keyword ungefähr drei- bis maximal zehnmal auf-treten.[75] Tritt das Keyword öfter beziehungsweise zu oft auf, wie bei einer Aufzählung, ist es möglich, dass die gesamte Seite von Google als «Spam», das bedeutet «unerwünschter Inhalt», eingestuft wird und eine gute Platzierung der Website in den SERP dadurch verhindert wird. Meistens sind Texte dieser Art aber bereits schwer lesbar, sodass ein starker Qualitätsmangel schon mit dem bloßen Auge erkennbar ist. Die Abwertung einer Website dieser Art kann bedeuten, dass im schlimmsten Fall die gesamte Website aus Google verschwindet. Dazu besteht auch die Gefahr, dass ein unnatürlich wirkender Text die Absprungrate der Benutzenden erhöht.[76] Bei der Text-gestaltung ist es im Hinblick auf die Suchbegriffe also sinnvoll, einen umfangreichen Wortschatz und einen strukturierten Satzbau zu verwenden. Duplikate von anderen Websites oder auch innerhalb der eigenen Website sind zu vermeiden, da auch diese die Seite in Bezug auf die SEO negativ beeinträchtigen können.

Ein weiterer wichtiger Onpage-Faktor ist die Hauptüberschrift einer Webseite, die sogenannte «H1 Überschrift». Diese sollte auf allen Unterseiten der Website mit Suchbegriffen ausgeschmückt werden.

Außerdem ist es relevant, Meta-Bereiche zu hinterlegen, welche mit dem optimierten Seitentext übereinstimmen.[77] Es handelt sich dabei um technische Unterbereiche, die den Anwendenden helfen sollen, sich auf der Seite zurechtzufinden. Der aussagekräftigste Meta-Bereich für die SEO ist dabei der Meta-Title. Im Meta-Title werden die wichtigsten Suchbegriffe für die Unterseite hinterlegt. Der zweitwichtigste Meta-Bereich ist die Meta-Description, wobei es sich um die Beschreibung der Seite handelt.[78] In den Google-Ergebnissen der organischen Suche ist die Meta-Description leicht zu erkennen. Sie umfasst den Textanriss, welcher unter dem Titel und dem Website-Link zu finden ist, wie es die Abb. 5 auf der nächsten Seite zeigt.

---

[75] Vgl. Düweke u. Rabsch, 2011, 2011, S. 436.
[76] Vgl. Nielsen, Jakob u. Loranger, Hoa, Web Usability, München, 1. Aufl. 2006, S. 164.
[77] Vgl. Grappone u. Couzin, 2006, S. 166 - 176.
[78] Vgl. Düweke u. Rabsch, 2011, S. 439.

Gesellschaft Österreichischer Kakteenfreunde ZV LG ...
www.kaktussteiermark.at/ ▾
Startseite unseres Vereinsauftritts. Gesellschaft Österreichischer Kakteenfreunde ZV
LG Steiermark. Steirische Kakteenfreunde. Kakteenverein. Kakteenklub.

Abb. 5:   Meta-Description in der Google-Suche[79]

Ferner wird den verwendeten Dateinamen für Firmenlogo und Seitenfotos Wichtigkeit beigemessen. Ein Bild mit dem Namen *«schreiner_berlin»* wäre somit für einen Schreiner in Berlin, der mit diesen Begriffen gefunden werden möchte, die passende Bezeichnung auf einer Unterseite. Google schenkt gleichermaßen der Internetadresse (Uniform Resource Locator, kurz: URL) suchmaschinentechnisch Beachtung. Grundsätzlich gilt, dass die URLs möglichst eine kurze Bezeichnung tragen und Umlaute vermieden werden sollten, da die gegenteilige Betitelung negative Folgen mit sich bringen kann.[80] Stellt die sogenannte *«Domain»* als Titel innerhalb der URL eine Art Vorschau für den Inhalt einer Website dar, wird das von Google belohnt.

Beispiel: Die Domain *«www.tierarzt-rothenburg.de»* gibt einen besseren Einblick in die Leistungen eines Tierarztes in Rothenburg (Deutschland) als die unspezifische Domain *«www.waumiau-schmidt.de»*.

Auch das Alter einer Domain wird bewertet. Das bedeutet, je älter eine Website ist, desto höher wird die Qualität der darin befindlichen Seiten eingestuft.[81] Die Platzierung einer Website verbessert sich auch durch das Erstellen von seiteninternen Links sowie das Erstellen eines Strukturbaumes, der die einzelnen Seiten der Website beinhaltet, die sogenannte *«Sitemap»*, da diese beiden Faktoren eine Website übersichtlicher gestalten. Gemäß der Searchmetrics Studie von 2014 werden die internen Strukturen einzelner Unterseiten der Website sogar immer noch wichtiger für die gute Platzierung einer Website auf Google.[82] Weitere Informationen für die Suchmaschine liefern etwa das Aktualisierungsdatum der Website, die mobile Ansicht der Website, Links auf Social Media sowie weitere Kriterien, welche im Anhang 3 eingesehen werden können.[83]

---

[79] Screenshot durch manuelle Eingabe bei www.google.at: https://www.google.at/#q=Kaktus+Steiermark (21. 08. 2015).
[80] Vgl. Düweke u. Rabsch, 2011, S. 442.
[81] Vgl. Weinland, 2014, S. 150.
[82] Vgl. Tober, Marcus, Ranking-Faktoren. So sind die Karten 2015 gemischt, Berlin, 2015. searchmetrics, www.searchmetrics.com/de/knowledge-base/ranking-faktoren (17. 07. 2015).
[83] Vgl. Löffler, 2014, S. 338 - 340.

Die bereits beschriebenen Optimierungsfelder der Onpage-Faktoren einer Website können, wie in Abb. 6 betitelt, mit dem bloßen Auge ausgelesen werden.

Abb. 6:   Sichtbare Onpage-Faktoren auf einer Website zur SEO-Optimierung[84]

4.2.3   Offpage-Faktoren

Nach der abgeschlossenen Onpage-Optimierung kann die Suchmaschinenoptimierung mittels Offpage-Faktoren vorgenommen werden. Diese umfassen in erster Linie den Aufbau externer Links, insbesondere mit Backlinks. Ein Netz verschiedener themen-relevanter und vertrauenswürdiger Webseiten auf der eigenen Website beeinflusst das Ranking einer Unternehmenswebsite meist stark. Zu beachten ist dabei, dass die eingehenden Links von anderen Internetseiten natürlicher Art, das heißt, mit realem Bezug zur Website sein sollten.[85] Die Verlinkungen sind dann zwar schwieriger zu steuern, aber es nützt wenig, von branchenfremden Websites Links auf die eigene Website zu setzen. So verkaufen dubiose Firmen oftmals Links und versprechen damit eine gute Sichtbarkeit der Website in der Suchmaschine. Allerdings sind diese

---

[84] Eigener Screenshot der Website von Milchbuck-Transporte und Umzüge vom 01. 10. 2015.
[85] Vgl. Weinland, 2014, S. 203 - 204.

gekauften Links meist von fragwürdigen Quellen, die mit der eigentlichen Websitethematik nichts zu tun haben. Die Folge ist, dass Google die Links zulasten der Website abstraft und ähnlich wie mit der maßlosen Zahl an Suchbegriffen im Text verfährt, sodass die Website im äußersten Fall aus dem Google-Index entfernt wird. Empfehlenswert ist daher, auf rechtmäßige Art und Weise bei realen Zulieferern oder Partnerfirmen für die eigene Website zu werben oder Links über Social-Media-Kanäle zu setzen, welche auch berücksichtigt werden können. Grundsätzlich gilt bei der Offpage-Optimierung: besser ein einziger Link von einer vertrauenswürdigen Website als 100 Links von thematisch fremden und irrelevanten Seiten.[86]

Anhand der exemplarischen Fallstudien in Kapitel 7 werden die behandelten Onpage- und Offpage-Faktoren in ihrer praktischen Anwendung demonstriert.

4.3   SEA zur Unterstützung der SEO

Mit der SEA durch Google AdWords soll die Zielgruppe bestimmter Produkte mittels der Werbeanzeigen genau dort erreicht werden, wo über die Suchmaschine gesucht wird. Die Anzeigen über Google AdWords sind dabei kostenpflichtig. Pro Klick auf eine Anzeige fallen für den Werbetreibenden Kosten an, die nach einem Auktions-system generiert werden und demnach stark variieren können. Obwohl Google AdWords nichts mit der SEO im Sinne von Einfluss auf die organischen Suchresultate zu tun hat, wird das Werbeprogramm von Experten als ideale Ergänzung für Platzierungen auf Google beschrieben, bei denen die SEO kaum Chancen hat.[87] Die unmittelbaren Wechselwirkungen zwischen Google AdWords und den organischen Bereichen sind, wie bereits in Abschnitt 3 dargelegt, von Google nicht offiziell bestätigt worden. Da bei der SEA von Google aber ein Qualitätsfaktor[88] eingebaut wurde, welcher die Website des Werbetreibenden beurteilt, liegt hier ein erkennbarer Verbindungspunkt mit der SEO vor. Denn wenn die Website mit bestimmten Such-begriffen optimiert wurde, welche auf Google AdWords verwendet werden, ergibt sich damit gleichzeitig automatisch eine bessere Qualität für die Google-AdWords-Anzeige. Die Folge, qualitativ hochwertiger Werbeanzeigen, ist ein niedrigerer Preis für Google

---

[86] Vgl. Düweke u. Rabsch, 2011, S. 443.
[87] Vgl. Weinland, 2014, S. 346.
[88] Vgl. Düweke u. Rabsch, 2011, S. 488.

AdWords, was Einsparungen für das komplette Online-Marketing bedeutet.[89] Ein anderer Pluspunkt ist, wenn unter einem Suchbegriff ein Unternehmen gleichzeitig in der organischen Suche und als Google-AdWords-Anzeige auf der ersten Seite der SERP erscheint. Die Wahrscheinlichkeit, dass mindestens ein Klick auf die Internetseite des Unternehmens getätigt wird, erhöht sich je nach Platzierung der beiden Suchergebnisse sehr stark. Mit dem in Abschnitt 4.2.1 beschriebenen Keyword-Planer können über Google AdWords außerdem weitere Analysen durchgeführt werden, um themen-relevante Keywords schneller und gezielter ergänzen zu können, nachdem das sorgfältige Brainstorming bei der Suche der Keywords ausgeschöpft ist. Auch diese Maßnahme wirkt sich auf die SEO unterstützend aus. Der aktuelle Traffic-Anteil von SEO und SEA kann in Anhang 7 an einem Beispiel aus dem Bereich Online-Handel eingesehen werden.

---

[89] Vgl. Rürup, Dipl.-Inf. Mischa, SEO und SEA, Die optimale Verknüpfung, Emsdetten, 2015, suchradar, www.suchradar.de/magazin/archiv/2011/2-2011/verknuepfung-seo-sea.php (22. 08. 2015).

5 Wechselwirkung Social Media und SEO

Verschiedene Untersuchungen beschäftigen sich damit, wie Suchalgorithmen vorgehen und welche Optimierungsschritte für solide suchmaschinenoptimierte Websites erforderlich sind. Die Kombination von Suchmaschinenoptimierung und Social Media wurde bei mittelständischen Unternehmen bisher dagegen kaum untersucht. Insgesamt ist das Themengebiet SMO derzeit noch in der Findungsphase, was sich zuletzt auf die Häufigkeit technischer Neuerungen zurückführen lässt.[90] Sicher ist aber, dass Social Media einen positiven Einfluss auf den guten Ruf einer Website in Suchmaschinen haben und themenrelevante Links nützlich sein können.[91] Der Abschnitt Wechselwirkung Social Media und Suchmaschinenoptimierung beschäftigt sich mit der Funktionsweise von Suchmaschinen im Hinblick auf die verschiedenen Social-Media-Portale. Anhand von Beispielen mittelständischer Unternehmen wird im nachfolgenden Text aufgezeigt, welche Bedeutung Social Media im Leben der deutschsprachigen Bevölkerung bereits eingenommen haben und ob sich insbesondere Google+ mit Google My Business auf die Positionierung eines Unternehmens in der Suchmaschine auswirken kann. Dadurch soll die Wechselwirkung von Social Media und SEO festgestellt werden.

5.1 Social Media als Kommunikationsform

Der Begriff Social Media umfasst Netzwerke im Internet, in denen Menschen miteinander kommunizieren können. Bekannte Plattformen im deutschsprachigen Raum sind beispielsweise Facebook, Google+ und Twitter. In den Social Media werden, genau wie auf anderen Internetseiten, Inhalte produziert oder auch «gepostet». Die Plattformen gehen aber noch weiter: Alle Benutzenden haben die Möglichkeit, Informationen zu verbreiten, sich auszutauschen und die Beiträge von anderen Anwendenden zu bewerten oder zu kommentieren. Sämtliche Inhalte umfassen die soziale Ebene und regen dadurch zur Interaktion an.[92] Mund-zu-Mund-Propaganda prägte das

---

[90] Vgl. Firnkes, Michael, SEO & Social Media, Handbuch für Selbstständige und Unternehmer, Krugzell, Aufl. 1 2013, Kapitel 3.2.
[91] Vgl. Weinberg, Tamar, Social Media Marketing, Köln, 4. Aufl. 2014, S. 10.
[92] Vgl. Grabs, Anne u. Bannour, Karim-Patrick, Follow me! Erfolgreiches Social Media Marketing mit Facebook, Twitter und Co., Bonn, 2. Aufl. 2012, S. 26 - 27.

Kaufverhalten der Menschen schon lange, bevor das Internet erfunden wurde. Grundsätzlich verlassen sich Menschen eher auf die Meinung ihrer Mitmenschen, als auf ein Werbeversprechen von Institutionen.[93] Genau hier setzt die Funktion der Social Media für Unternehmen an. So wird auf der Plattform Facebook über die neuen Schuhe diskutiert und beim Anbieter Tripadvisor kann durch Referenzen anderer Besucher festgestellt werden, wie gut ein Hotel in New York ist. Alle Unternehmen haben die Möglichkeit, Teil dieser Netzwerke zu werden. Das Bewusstsein am Web 2.0 unmittelbar teilhaben zu können, hat erstmals besonders bei privaten Nutzern einen Beteiligungsboom ausgelöst. Es wird auch als ein sozialer Trend beschrieben, bei dem Menschen Technologien benutzen, um das, was sie benötigen, gegenseitig abzudecken, anstatt auf traditionelle Unternehmen oder Institutionen zurückzugreifen.[94] Vernetzungen ergeben sich aufgrund von Freundschaften, Interessen oder gemeinsamen Zielen in Arbeitsgruppen.

Diese Entwicklung hat das Internet für viele Menschen von einem Mysterium zu einem vertrauenswürdigen Treffpunkt gemacht. Gemäß einer Studie vertrauen beispielsweise rund 70 Prozent aller Befragten weltweit und 67 Prozent der Befragten in Deutschland auf Onlinekonsumentenbewertungen.[95] Die Kundschaft stellt somit mehr als nur eine Käuferschaft dar, denn sie trägt die Botschaft einer Marke auch an potenzielle Käufer weiter. Für Unternehmen nahezu aller Branchen bedeutet dies einen Schritt in Richtung Käufermarkt und gleichzeitig zu mehr Markttransparenz. Eine Nielsen-Studie besagt, dass 90 Prozent aller Social-Media-Nutzenden passiv an den Angeboten teilnehmen, während circa neun Prozent Beiträge leisten und circa ein Prozent eigene Inhalte produziert.[96] Dieser Standpunkt gibt Aufschluss darüber, wie wichtig es für Unternehmen ist, potenzielle Kundschaft auch auf diesen Plattformen anzusprechen und Meinungen zu beeinflussen. Ausgewählte Social-Media-Plattformen nehmen in verschiedenen Ausprägungen zusätzlich Einfluss auf die Suchmaschinenoptimierung.

---

[93] Vgl. Bernoff, Josh, Empowered, Die neue Macht der Kunden, München, 1. Aufl. 2011, S. 17 - 18.
[94] Vgl. Li, Charlene u. Bernoff, Josh, Facebook, YouTube, Xing & Co., Gewinnen mit Social Technologies, München, 1. Aufl. 2009, S. 16.
[95] Vgl. Schwandt, Dr. Friedrich, Kröger, Tim, Anteil der befragten Verbraucher weltweit, die Vertrauen in folgenden Werbeformen haben im Jahr 2015, Hamburg, 2015, statista, http://de.statista.com/statistik/daten/studie/29057 (29. 06. 2015).
[96] Vgl. Grabs u. Bannour, 2012, S. 53.

Schlechte Mund-zu-Mund-Propaganda kann sich allerdings ebenfalls schnell verbreiten. Wenn ein Geschäft im Ort minderwertige Lebensmittel verkauft, ist die Wahrscheinlichkeit hoch, dass über Hörensagen innerhalb kürzester Zeit eine ganze Stadt Bescheid weiß. Genauso verhält es sich auch im Internet. Hat eine Ware beispielsweise einen unangemessen hohen Preis und wird dies über Social Media kommuniziert, dann liegt nahezu jedem potenziellen Kunden ein direkter Vergleich vor und der unmittelbare Wechsel eines Anbieters wird möglich. Mund-zu-Mund-Propaganda, auch «*Word of Mouth*» genannt, hat im Internet also eine sehr große Bedeutung. Mit den Social Media ist zudem die Reichweite einer Aussage sehr breit und global. Anhand des folgenden Beispiels wird aufgezeigt, welche Auswirkung eine einzige Bewertung auf ein Unternehmen haben kann.

Fallbeispiel eines Restaurants: Als Mitinhaberin hat Sabine Tacke für das Speiserestaurant «*Krokodil*» in Balingen (Deutschland) die Aufsicht über Beiträge und Kommentare, welche das Krokodil auf der Plattform Facebook publiziert. Unter einem aktuellen Foto zum «*Sonntagsbrunch im Krokodil*», befinden sich ein paar Kommentare. Darunter ist die Frage einer Kundin: «*Ich habe noch einen Gutschein zu Hause, kann ich den noch einlösen, obwohl er schon älter als ein Jahr ist?*». Tacke reagiert noch am gleichen Tag auf diese Anfrage, indem sie antwortet, dass Gutscheine gesetzlich drei Jahre gelten und dass das Krokodil in Balingen als besonderen Service sogar auf vier Jahre Gültigkeit des Gutscheines erhöht. Die Kundin selbst hat über 100 Freunde auf Facebook, die automatisch Kenntnis von der positiven Konversation erhalten haben. Zudem haben zwei Personen markiert, dass ihnen die Reaktion des Krokodils «*gefällt*», weitere 38 haben den Beitrag markiert, was wiederum bedeutet, dass auch deren Freundeskreis auf den gesamten Beitrag aufmerksam wird. Damit wurde eine positive Mund-zu-Mund-Propaganda ausgelöst.[97]

---

[97] Vgl. Tacke, Sabine, Krokodil Balingen, Rottenburg, 2015, Facebook, www.facebook.com/balingenkrokodil?fref=ts, (02. 10. 15 Artikel vom: 19. 07. 15).

5.2 Die größten Social-Media-Portale

Grundsätzlich wirken sich sowohl Facebook, Google+ als auch Twitter auf die Suchmaschine Google aus.[98] Bislang ist Google+ jedoch das einzige soziale Medium, welches direkt mit dem Ranking der Suchmaschine Google verbunden ist und daher den größten Einfluss in Bezug auf die SEO hat.[99] Hierbei darf nicht vergessen werden, dass das Portal vom gleichen Unternehmen betrieben wird, welches die Google Suchmaschine bereitstellt. Google zeigt vermehrt Ansätze, dass sämtliche Informationen aus den eigenen Social Media bevorzugt in den SERP gelistet werden.[100] Seit der Einführung von Google My Business, dem offiziellen Verzeichnis für geschäftliche Nutzer von Google+, hat sich dieser Eindruck noch verdeutlicht. Der Google+ Bereich für Unternehmen erzeugt automatisch den Bereich Google My Business, welcher mit allen Diensten von Google verbunden und nutzbar ist. Die Verbindungen zu Google Maps wirken sich beispielsweise direkt auf die Suche im Kartensystem aus, der Bildupload wiederum beeinflusst die Bildersuche von Google und so weiter. Alle diese Verknüpfungen nehmen zusammengefasst Einfluss auf die Platzierung der Firma in der lokalen und gesamten organischen Suche. Des Weiteren werden die positiven Wechselwirkungen zwischen Suchmaschinenoptimierung und Social Media verstärkt.

Die Plattform Google+ bietet den Nutzern kostenlos die Möglichkeit, mit Texten, Fotos, Bildgalerien, Beitragssammlungen, Links, Videos, *«Hangout»*-Nachrichten, Veranstaltungen und Umfragen aktiv zu sein. Das Einfügen eines Fotos oder eines neuen Textbeitrages haben beispielsweise schon eine veränderte Anzeige in der Suchmaschine zur Folge. Google+ wird monatlich von 359 Millionen Menschen genutzt[101] und steht sowohl Privatpersonen als auch Unternehmern zur Verfügung. Außerdem hat Google+ eine Anbindung zum Videoportal YouTube. Diese Plattform stellt mit der Videosuche nach Google die zweitgrößte Suchmaschine der Welt dar, bei monatlich etwa einer Milliarde Nutzenden. Gleichzeitig wird YouTube auch in die

---

[98] Vgl. Weinberg, 2014, S. 34 - 35.
[99] Vgl. Firnkes, 2013, S. 71.
[100] Vgl. Faber, 2013, S. 32.
[101] Vgl. Pehland, Werner, Die 10 wichtigsten Social Media Plattformen im Überblick, Zürich Schweiz, 2014, blogWerk, www.blogwerk.com/downloads/infografiken (01. 11. 2015).

Kategorie der Social Media eingeordnet. Die effektive Anzahl der Nutzer steigt auf dem Videoportal jährlich um 50 Prozent im Vergleich zum Vorjahr.[102]

Facebook bildet mit monatlich ca. 1,28 Milliarden aktiven Nutzern[103] das größte soziale Netzwerk im Internet. Auf Facebook finden die Nutzer neun verschiedene kostenlose Beitragsformen vor. Es können Texte, Fotos, Links, Bildgalerien, Videos, Angebote, Veranstaltungen, Meilensteine und Hotel-Check-Ins publiziert werden. Personen und Unternehmen können außerdem eigene Seiten auf Facebook erstellen. Über einen sogenannten *«Power Editor»* gibt es auf Facebook zudem eine große Auswahl an Werbemöglichkeiten. So können die Anzeigenformate direkt mit sozialen Handlungen verknüpft werden.[104] Facebook bietet wie Google+ die Möglichkeit, einen Firmeneintrag zu erstellen. Auch der Firmeneintrag auf Facebook kann von den Suchmaschinen analysiert werden,[105] er ist aber im Vergleich zum Google+ Eintrag eines Unternehmens nicht unmittelbar mit den Diensten von Google, wie zum Beispiel dem offiziellen Kartenmaterial, verbunden. Deshalb sind die Auswirkungen des Netzwerkes Facebook auf die Suchmaschine Google zwar vorhanden, aber im Vergleich zu Google+ relativ gering.[106]

Twitter beschreibt ein Social Media, in dem Kommunikation in *«Echtzeit»* möglich ist. Die wesentliche Kommunikationsform ist hier der Beitrag in Textform. Unternehmen können auf Twitter über sogenannte Servicekanäle beispielsweise Produktfragen gezielt und schnell beantworten. Einzelne Beiträge sind zu promoten. Derzeit hat Twitter monatlich rund 288 Millionen Nutzende.[107] Die Plattform Twitter stellt eine zusätzliche Option dar, auf Google gelistet zu werden, meistens über häufig angeklickte Beiträge, die sogenannten *«Tweeds»*.[108] Auch interne Links spielen auf diesem Portal eine Rolle,

---

[102] Vgl. Wojcicki, Susan, Statistik, San Bruno USA, 2015, YouTube, https://www.youtube.com/yt/press/de/statistics.html (13. 09. 15).

[103] Vgl. Zuckerberg, Marc, Unsere Mission, Menlo Park USA, 2015, Facebook, http://de.newsroom.fb.com/company-info (21. 10. 2015).

[104] Vgl. Palme, Inga u. Ljubic, Natascha, Social Media Manager im Beruf, Praxisratgeber für erfolgreiches Social Media Management, Merkers-Kieselbach, 1. Aufl. 2014, S. 52.

[105] Vgl. Firnkes, 2013, S. 308.

[106] Vgl. Tantau, Björn, Google+, Einstieg und Strategien für erfolgreiches Marketing und mehr Reichweite, Hemsbach, 1. Aufl. 2012, S. 173 - 176.

[107] Vgl. Schwandt, Dr. Friedrich, Kröger, Tim, Anteil mittelständischer Unternehmen nach jährlicher Ausgabenhöhe für Suchmaschinenwerbung, Hamburg, 2015, statista, http://de.statista.com/statistik/daten/studie/208986 (21. 08. 2015).

[108] Vgl. Grabs u. Bannour, 2012, S. 231.

die sich als Bonus auf die SEO auswirkt. Eine direkte Verbindung mit den Google-Diensten befindet sich auf Twitter allerdings nicht.[109]

5.2.1 Vergleich verschiedener Social-Media-Plattformen

Im direkten Vergleich von Ayaz Nanji wird die Größe der wichtigsten Social-Media-Plattformen betrachtet.[110] Die Plattformen Facebook und YouTube teilen sich dabei die ersten zwei Plätze im Social-Media-Ranking. Facebook verzeichnet die meisten aktiven Mitglieder. Auf die größte Anzahl an Besuchern auf der Seite kommt jedoch die Plattform YouTube, welche der Firma Google gehört.

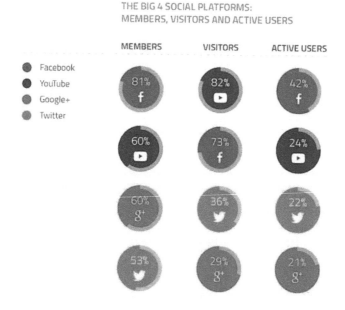

Abb. 7:   Die großen vier Social-Media-Plattformen[111]

---

[109] Vgl. Tantau, 2012, S. 173 - 176.
[110] Nanji, Ayaz, How the Big 4 Social Platforms Differ, Members vs. Visitors, New York USA, 2015, www.marketingprofs.com/charts/2015/26999/how-big-4-social-platforms-differ-members-vs-visitors (01. 11. 2015).
[111] Nanji (01. 11. 2015).

Insgesamt stellt jedes der vier in Abb. 7 veranschaulichten Portale eine Social-Media-Macht dar. Obwohl Google+ in diesem Ranking relativ schlecht abschneidet, hat es dennoch den größten Einfluss auf die Suchmaschine. Daher sind im Fokus der SEO, Google+ und YouTube aus dem Hause Google die eindeutig wichtigeren Social Media als Facebook und Twitter.

5.2.2 Monitoring der Social Media zur Kommunikation

Die aktive Nutzung der Social Media fordert die Kontrolle darüber, dass weder Chancen verpasst, noch negative Propaganda lanciert werden kann. Für die Übersicht von Beiträgen stehen sowohl kostenlose als auch kostenpflichtige Monitoring-Tools zur Verfügung. Kostenlose Anwendungen wie zum Beispiel Social Mention, können genutzt werden, um den Einstieg in das Monitoring zu erleichtern und gleichzeitig zu prüfen, was bereits über das Unternehmen im Netz berichtet wurde und an welchen Stellen sich diese Aussagen befinden. Kommen Social Media jedoch in erster Linie für die SEO in Frage, müssen primär die dafür spezifischen Maßnahmen und Anwendungen hinsichtlich der SEO-Inhalte getroffen werden. Hier bietet sich das Platzieren von ausgewählten Suchbegriffen, Bildern und Texten an, wie im Folgenden erläutert wird. Auch sollten Bewertungen auf Google+ angestrebt werden.

5.3   Social Media für die SEO

Wenn Social Media so verwendet werden, dass sie sich positiv auf die Suchmaschine auswirken sollen, ist analog zur umfassenden Suchmaschinenoptimierung ein exklusiver Plan erforderlich, der die wichtigsten Optimierungskriterien umfasst.[112] So sollten Suchbegriffe festgelegt und eine SEO-relevante Textstruktur aufgebaut werden, welche auch langfristig eingehalten werden kann. Der Stellenwert der Social-Media-Portale in der jeweiligen Branche gibt Aufschluss darüber, wie einzelne Mitbewerbende kommunizieren. Zudem ist der Zeitaufwand für die Pflege der Social Media zu bestimmen.[113] Auch das Budget und mögliche weitere Kosten für den gesamten Aufwand zur Betreibung von Social Media sollten von Anfang an geklärt werden. Sobald ein Unternehmen über die Social Media kommuniziert, ist es für den Bereich der

---

[112] Vgl. Tantau, 2012, S. 182 - 183.
[113] Vgl. Palme u. Ljubic, 2014, S. 106 - 108.

Suchmaschinenoptimierung wichtig, dass auch die Ziele messbar sind. Es muss heraus-gefunden werden können, wie sich die Anzahl der Aufrufe verändert, nachdem eine Optimierung stattgefunden hat.

Beispiel: Google+ vs. Facebook – Beispiel Kino Sindelfingen

Das Unternehmen CinemaxX in Sindelfingen (Deutschland) ist sowohl auf Google+ als auch auf der Plattform Facebook mit SEO-Beiträgen vertreten. Betrachtet wird nun die Positionierung eines für das Unternehmen wichtigen Suchbegriffes in den SERP. Mit der manuellen Eingabe des Suchbegriffes *«Kino Sindelfingen»* auf www.google.de erscheinen Ergebnisse aus Google, Google Maps, der Website und lokale Einträge aus Google+ in den Suchresultaten. Mit 26 Bewertungen[114] und einem Beitrag auf der Google+ Seite für Unternehmen reicht die lokale Suche für das Unternehmen auf Platz eins in den organischen SERP, wie es in Abb. 8 erkennbar ist. Die Wahrscheinlichkeit, dass dieser Eintrag angeklickt wird, ist sehr hoch, da die ersten Plätze der SERP, wie bereits beschrieben, am häufigsten von den Nutzenden ausgewählt werden.[115]

Auf Facebook finden sich aktuellere Einträge als im Google+ Bereich und es gibt insgesamt 1.198 Kundenbewertungen.[116] Trotzdem erscheint die Facebook-Seite des Unternehmens bei der Sucheingabe *«Kino Sindelfingen»* nicht auf der ersten Seite der SERP. Google+ und dessen Unternehmenseintrag auf Google My Business haben also trotz der geringeren aktiven Pflege einen stärkeren Einfluss auf die Suchmaschine. Die Relevanz des Mediums wird an diesem Beispiel ersichtlich.

---

[114] Manuelle Eingabe bei Google+: https://plus.google.com/109675946911881123701/posts (21. 08. 2015).
[115] Vgl. Fischer, 2009, S. 169.
[116] Manuelle Eingabe bei Facebook: https://www.facebook.com/CinemaxXSindelfingen (21. 08. 2015).

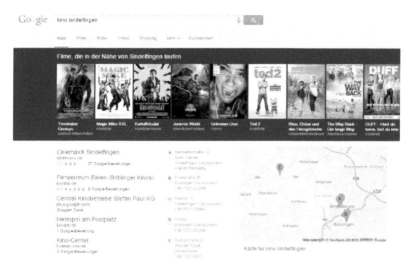

Abb. 8:   Google-Maps-Ansicht des CinemaxX Sindelfingen[117]

Das Fallbeispiel verstärkt den beschriebenen Zusammenhang zwischen Google+ und der Suchmaschine, indem es die Annahmen unterstreicht, dass das Social Media Google+ mit Google My Business unmittelbaren Einfluss auf die Suchmaschine Google nimmt und dadurch für die SEO attraktiv wird. Joan Stewart der Firma The Publicity Hound, ist sogar der Auffassung, dass Google+ der Entscheidungsträger für den Erfolg einer SEO von Unternehmen ist. Er geht so weit zu sagen: *«Wenn du Google+ ignorierst, wird Google dich ignorieren».*[118]

Als Basis für den Google+ Eintrag eines Unternehmens, der für die SEO optimiert werden kann, wird zuerst ein Google-Konto benötigt, mit dem das gewünschte Unternehmen dann über Google Maps für den Bereich Google My Business aktiviert werden kann. Im eingeloggten Modus des Google-Kontos ist der Zugriff auf alle Google-Anwendungen gegeben, siehe auch Anhang 4.[119] Bereits mit der Registrierung des Unternehmens auf Google werden Daten automatisiert in die Unternehmens-informationen des Google-My-Business-Bereichs übertragen. Google selbst wirbt für

---

[117] Manuelle Eingabe bei www.google.de:
www.google.de/webhp?sourceid=chromeinstant&ion=1&espv=2&ie=UTF-8#q=kinoProzent20sindelfingen
(21. 07. 2015).
[118] Vgl. Silver, Daniel, Google Plus, For Business, E-Book, 1. Aufl. 2015, S. 461.
[119] Vgl. Faber, 2013, S. 146 - 147.

das Produkt mit den Worten: «*Von Kunden in allen Google Diensten gefunden wer-den*».[120] Weitere Unternehmensdaten können im Bereich Unternehmensinformationen (Abb. 9) eingespeist werden, solange bis eine Anzeige erscheint, die bestätigt, dass der Eintrag vollständig ist.

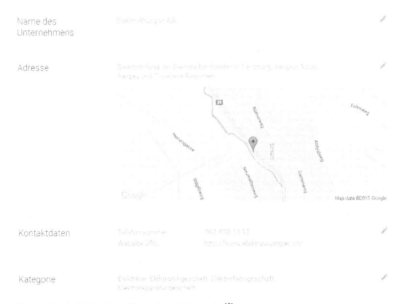

Abb. 9: Google-My-Business-Unternehmensinformation[121]

Gleichzeitig verbindet der Google+ Eintrag des Unternehmens in Verbindung mit Google My Business den Social-Media-Bereich direkt mit YouTube, mit der Such-maschine und mit Google Maps. Durch die Kommunikation auf der Plattform wird den angeknüpften Unternehmensinformationen mehr Relevanz zuteil, was sich letztlich wieder auf die Sichtbarkeit in der Suchmaschine auswirkt.[122] Auch in der internen Suche von Google+ wird der offizielle Unternehmensauftritt sichtbar.

---

[120] Vgl. Schmidt, Eric, Google My Business, Ihr Unternehmen auf Google – kostenlos, Einträge auf Google+ und Google My Business werden über diese Hauptseite kreiert, Mountain View USA, 2015, Google, www.google.ch/intl/de/business (23. 08. 2015).
[121] Google My Business Bereich, https://plus.google.com/u/2/b/107793064039506801096/dashboard/overview (22. 07. 2015), Login notwendig.
[122] Seit dem 01. September 2015, sehen die lokalen Ergebnisse von My Business und Google+ in den SERP anders aus, als noch zu Beginn des Jahres. Erfahrungsgemäß gibt es im Zuge der Google Updates auch hier immer wieder Änderungen. Die Relevanz lokaler Einträge bleibt dabei bestehen.

Bezüglich des Bonus-Faktors kann ergänzend auch mit YouTube, Facebook oder Twitter gearbeitet werden, wie die Studie der Searchmetrics «*Social Media als Bonus*» zeigt: «*Gut positionierte URLs weisen eine hohe Zahl an Likes, Shares, PlusOnes und Tweets auf, wobei besonders URLs auf den ersten Plätzen der Suchergebnisse mit einer hohen Masse an Signalen hervorstechen. Das bedeutet zum Einen, dass die Aktivität in den Social Networks weiter zunimmt, zum Anderen, dass häufig geteilte Inhalte auch immer stärker mit guten Rankings korrelieren.*»[123]. Die drei Kanäle können jeweils ergänzend zur SEO ausgestaltet und auf Wunsch zusätzlich für die Mund-zu-Mund-Propaganda gepflegt werden. Die theoretischen Erkenntnisse zur SEO von Websites werden innerhalb der Fallstudien in Kapitel 7 zusätzlich auf den Einfluss des Social Media Google+ untersucht. In Kombination kann so ein Ausblick für die nächsten Perioden der Suchmaschinenoptimierung im Internet gegeben werden.

---

[123] Tober, Marcus, Ranking-Faktoren, So sind die Karten 2015 gemischt, Berlin, 2015, searchmetrics, www.searchmetrics.com/de/knowledge-base/ranking-faktoren (17. 07. 2015).

6   Resümee der bisherigen Erkenntnisse

Zusammenfassend können basierend auf die vorhergehenden Kapitel und Beispiele in Hinblick auf die Forschungsfragen, folgende Kernergebnisse festgestellt werden:

Das Verwenden von Suchmaschinen gehört für die Internetnutzenden im deutschsprachigen Raum bereits zum Alltag.

Google ist im deutschsprachigen Raum die mit Abstand größte Suchmaschine und hat einen Monopolstatus inne.

Potenzielle Kunden aller Unternehmen befinden sich rund um die Uhr auf Google.

Durch das umstrittene Speichern von Personendaten, werden Suchergebnisse explizit an die Benutzer angepasst und die Ansicht der SERP verändert sich.

Der Google-Algorithmus mit seinen Ranking-Faktoren bestimmt die Bewertung von Internetseiten und die Ansicht der SERP und ist damit wesentlich für die Gestaltung einer SEO.

Die Anzeige der Suchergebnisse ist in folgende Bereiche aufgeteilt: Universelle, organische und kostenpflichtige Suchergebnisse. Die beiden erstgenannten können mit der SEO direkt beeinflusst werden.

Kampagnenziele nach dem SMART-Prinzip festzulegen ist relevant zur effektiven Suchmaschinenoptimierung einer Website, unabhängig davon, ob die Kampagne auf lokaler oder globaler Ebene ausgeführt werden soll.

Elemente einer SEO für Websites sind die Suchbegriffe, die Onpage-Faktoren sowie die Offpage-Faktoren.

Suchmaschinenoptimierung und Suchmaschinenwerbung sind unabhängig voneinander, bilden aber bei gleichzeitiger Verwendung Synergien.

Social Media bilden mittels der Mund-zu-Mund-Propaganda vertrauenswürdige Portale in denen Produkte und Dienstleistungen bewertet werden können.

Suchmaschinenoptimierung ist als Teil des Online-Marketings eng mit der Social-Media-Optimierung verbunden.

Durch den Verweis auf Websites, bilden die Social Media, Social Signals, welche zu einer besseren Positionierung von Websites in den SERP beitragen.

Das Social Media Google+ in Verbindung mit Google My Business wirkt sich als Produkt der Firma Google direkt auf die Suchmaschine aus und kann daher für die lokale Suchmaschinenoptimierung eingesetzt werden.

Tab. 2   Resümee der bisherigen Erkenntnisse

Die Relevanz der Sichtbarkeit mittelständischer Unternehmen auf der Suchmaschine Google ist bei 90 Prozent der Internetanwender, die sich täglich auf Google befinden, sehr hoch. Das Beachten von Google-Algorithmen, Ranking-Faktoren und die Aufstellung der SERP stellen sowohl für die SEO einer Website als auch für die lokale SEO über Google+ in Verbindung mit Google My Business eine wichtige Grundlage dar. Innerhalb der Suchmaschinenoptimierung sollten stets konkrete und realistische Ziele festgelegt werden, um eine klare Struktur innerhalb der SEO zu erlangen. Synergien zwischen der SEO und anderen Teilbereichen des Suchmaschinenmarketings sollten beachtet werden, da hier zusätzliche Erfolgsfaktoren bestehen könnten. Außer Google+ können zudem Social Signals anderer Social Media angestrebt werden, welche zum einen die SEO einer Website unterstützen und zum anderen durch positive Mund-zu-Mund-Propaganda eine erhöhte Markenbekanntheit zur Folge haben können. In den nachfolgenden Fallstudien wird das Resümee der bisherigen Erkenntnisse anhand realer Beispiele aus dem Mittelstand überprüft, dabei werden auch die Forschungsfragen beantwortet. Ein Ausblick für die kommenden Perioden der Suchmaschinenoptimierung wird schließlich am Ende der Arbeit präsentiert.

7   Exemplarische Fallstudien

Auf Basis der vorhergehenden Erläuterungen soll die Bedeutung suchmaschinen-
wirksamer Kampagnen unter der Verwendung von Websites und Social Media an zwei
realen Beispielen aufgezeigt werden. Zwei sehr unterschiedliche Internetauftritte
wurden mit der SEO innerhalb eines halben Jahres so ausgestaltet, dass sich die Sichtbarkeit beider Unternehmen auf Google in den SERP im Rahmen der gegebenen
Bedingungen verbessern sollten. Folgeziele waren dabei die Steigerung von Klicks und
das Fördern der Markenbekanntheit. Aufgrund unterschiedlicher Werbebudgets und
geografischer Bezüge wurden für die Kampagnen jeweils passende Maßnahmen
getroffen, um eine möglichst effiziente Suchmaschinenoptimierung zu sichern. Die
Vorgehensweisen wurden in Anlehnung an die Unternehmenspraxis der Firma
myKompass AG gestaltet, da diese Unternehmung im Bereich SEO für mittelständische
Unternehmen tätig ist und in Anlehnung an die vorhergehenden Kapitel agiert. Der
Planungsprozess für jede Kampagne wurde daher individuell erarbeitet, gemäß dem
Motto *«Die meisten Suchmaschinenoptimierer wissen, dass kein Optimierungsprozess
einem anderen vollkommen gleicht*[124].» und nach den Richtlinien der myKompass AG,
die sich in den Anhängen 5 und 6 befinden. Zum Abschluss dieses Kapitels wird die
Wirksamkeit der angewandten Methoden untersucht.

7.1   Kampagne Soldera GmbH – umfassende SEO

Die Soldera GmbH bietet Folien für Sicht- und Sonnenschutz an. Seit dem Jahr 2014
existiert die Website des Unternehmens mit der Domain www.soldera.ch im Internet.
Da die Website über die Google-Suche bis ins Jahr 2015 schwer zu finden war,
wünschte sich Gjin Sopi, Marketingbeauftragter der Firma Soldera GmbH in Pfäffikon
(Schweiz), eine bessere Platzierung in der Suchmaschine Google durch eine SEO-
Kampagne. Als Synergieeffekt sollte nach Möglichkeit die Bekanntheit des gesamten
Unternehmens im Internet zusätzlich ansteigen und als weitere Folge davon waren mehr
direkte Käufe über die Website erwünscht.

---

[124] Erlhofer, 2014, S. 61.

Ziele festlegen

Mit einem Budget von jährlich CHF 4.000 wollte Herr Sopi durch die Überarbeitung der kompletten SEO und auf Basis seiner bestehenden Website, ein bestmögliches Resultat auf Google erreichen. In Anhang 5 befinden sich die darauf bezogenen Firmendaten zur Soldera GmbH, welche der myKompass AG vorliegen. Gemeinsam mit einer SEO-Beratung wurden die Vorbereitungen für die gesamte Kampagne getroffen. Anhand der Vorgaben in Tab. 3 mussten bei der Vorbereitung der Kampagne die entsprechenden Schritte für eine erfolgreiche Kampagne eingeleitet werden.

Ziele	
Primäres Ziel	Platzierung der Website auf Seite 1 in den Google SERP mit den wichtigsten Suchbegriffen
Zielgruppe	Deutschsprachige, privat Nutzende und Firmen, die hochwertige Folien suchen
Zielmarkt	Pfäffikon bei Zürich und die gesamte Schweiz
Marke	Die Marke ist im Internet mäßig bekannt und soll erstmals groß auftreten
Kernthemen	Sonnenschutzfolien, Fensterfolien, Sichtschutzfolien, Sicherheitsfolien und weitere Folien

Tab. 3:   SEO-Ziele Kampagne Soldera GmbH

Methoden für die Kampagne

A. SEO der Website

B. Lokale SEO auf Google mit Google+ und Google My Business

C. Synergien von SEO und SEA

Kosten und Aufwand

Das Budget für die SEO der Soldera GmbH belief sich auf rund CHF 2.000 für den untersuchten Zeitraum gemäß Tab. 4 exklusive der Google-AdWords-Kampagne. Die Kosten für die SEO-Analyse und Umstrukturierung der Website sowie der Aufbau des Google+ Eintrages wurden mit dem Jahresbudget von CHF 4.000 abgedeckt.

Kosten	Bemerkungen
Ca. 2.000 Schweizer Franken	Für den Zeitraum 01. April bis 30. September 2015

Tab. 4:   SEO-Budget der Soldera GmbH

Die Analyse und die Überarbeitung der Website www.soldera.ch nahm einen Zeitumfang von circa 40 Arbeitsstunden in Anspruch. Zusätzlich wurden für die Erstellung des Google+ Eintrages inklusive Vorbereitungszeit bis zu zehn Stunden eingeplant. Erste Texte der bestehenden Website lagen zwar vor, sämtliche SEO-Texte und Suchbegriffe mussten innerhalb des zeitlichen Rahmens allerdings noch konkretisiert und umgeschrieben werden. Vorbereitet wurde die Kampagne bereits im Januar 2015. Regelmäßige Stichprobenkontrollen der Kampagne fanden seither im zweiwöchigen Intervall statt. Die finale Auswertung, welche in der nachfolgenden Studie zusammengefasst dargestellt wird, bezieht sich auf den Zeitraum 01. April bis 30. September.

Kampagne vorbereiten und aktivieren

Am Beginn jeder SEO-Kampagne liegt das Brainstorming zum Erfassen der wichtigsten Suchbegriffe. In Anschluss daran können die Onpage-Faktoren der Kampagne ausgestaltet werden. Dazu gehören Seitenaufbau, Titel und Inhalt der Websites wie es in Kapitel 4 dargestellt wurde. Nach diesen Vorgaben wurden bei der Soldera GmbH die nachfolgenden Schritte vorgenommen.

A. SEO der Website

Im Fall der Soldera GmbH waren die wesentlichen Suchbegriffe entlang der zu vermarktenden Produkte zu definieren, welche auf der Startseite der Website behandelt werden. Auf die grundsätzliche Vorbereitung und Konzeptionierung von SEO-Kampagnen wurde bereits in Kapitel 4 am Beispiel der Kaspar Flütsch Vitalmöbel AG eingegangen. Da die Begriffe Folien und Fenster zu global gewesen wären, wurden die zielgruppenorientierten Begriffe für die Unterseiten der Website wie folgt festgelegt: Fensterfolien, Sonnenschutzfolien, Dekorfolien, Sicherheitsfolien, Sichtschutzfolien. Der Wettbewerb der Suchbegriffe im gesamten schweizerischen Raum ist bei diesen Keywords recht hoch, wie die Aufstellung aus dem Keyword-Planer in Abb. 10 verrät.

Dennoch werden diese Begriffe auch regelmäßig in der Suchmaschine von der potenziellen Kundschaft abgefragt. Dabei muss differenziert werden: das Wort «*Fensterfolien*» beispielsweise wird pro Monat circa 480-mal bei Google eingegeben, «*Sicherheitsfolien*» dagegen nur 20-mal. Beide Begriffe können jedoch für die SEO verwendet werden, mit dem Wissen, dass die Sicherheitsfolien voraussichtlich erheblich weniger gesucht werden als andere wichtige Keywords.

Keyword (nach Relevanz)	Durchschnittl. Suchanfragen pro Monat ?	Wettbewerb
Sichtschutz	2.400	Hoch
Fensterfolien	480	Hoch
Folien	390	Hoch
Sichtschutzfolien	170	Hoch
Dekorfolien	50	Hoch
Sonnenschutzfolien	110	Hoch
Sicherheitsfolien	20	Hoch

Abb. 10: Suchanfragen im Keyword-Planer der Soldera GmbH[125]

Rund 20 weitere Begrifflichkeiten wurden für die produktspezifischen Unterseiten der Website und für den Google+ Eintrag verwendet. Ein Auszug aus der Seitenaufstellung unter Berücksichtigung der Keywords befindet sich in Tab. 5. Für die Startseite der www.soldera.ch wurden vier Suchbegriffe optimiert, für die Unterseiten waren es dagegen der Seitenthematik entsprechende einzelne Suchbegriffe und für den Online-Shop wurden noch spezifischere Suchbegriffe gewählt, bestehend aus mehreren Wörtern, die die konkreten Produkte benennen. Somit sollen sowohl neu recherchierende als auch Suchende mit konkreten Produktkenntnissen als potenzielle Kunden angesprochen und in ihrem Suchprozess unterstützt werden.

---

[125] Eingabe der Keywords unter: https://adwords.google.com/ko/KeywordPlanner (22. 06. 2015), Login notwendig.

Seitentitel	Seitenlink	Keywords
Soldera (Startseite)	www.soldera.ch	Soldera Fensterfolie, Sonnenschutzfolien, Sicherheitsfolien, Sicht-schutzfolien
Fensterfolien	www.soldera.ch/Fensterfolien	Fensterfolien
Autotönungsfolien	www.soldera.ch/Autotoenungsfolien	Autotönungsfolien
Dekorfolie	www.soldera.ch/Dekorfolie	Dekorfolie
Sicherheitsfolie	http://www.soldera.ch/Fensterfolien/ Sicherheitsfolie	Sichtschutzfolien
Sonnenschutzfolie SOL-20X silber dunkel (Shop)	http://www.soldera.ch/Fensterfolien/ Sonnenschutzfolien-aussen/Sonnenschutzfolie-SOL-20X-silber-dunkel::2.html	Sonnenschutzfolie SOL-20X silber dunkel

Tab. 5:   Platzierung der Keywords auf der Website der Soldera GmbH

Damit eine gute Platzierung für die verschiedenen Suchbegriffe erreicht werden konnte, musste die Website von Herrn Sopi die bedeutenden SEO-Kriterien erfüllen. Nachfolgende Aufstellungen verdeutlichen die einzelnen Optimierungspunkte anhand von Praxisbeispielen. Sämtliche Vorschläge beziehen sich dabei nur auf die Startseite der www.soldera.ch. Die Optimierungsvorschläge gelten exemplarisch, sie wurden auf die einzelnen Unterseiten der Website adäquat zur Startseite angewendet. Jedoch mussten die Optimierungsmaßnahmen entsprechend der jeweiligen Seitenthematik neu generiert werden, da sonst die Gefahr von Doppelinhalten entstanden wäre[126], was wiederum zu einem möglichen Ausschluss bei Google geführt hätte («Panda-Update» aus Kapitel 4). Auch wenn die Beispiele der jeweiligen Unterseiten in dieser Bachelor-Thesis nicht im Detail aufgeführt werden, so wird bei der Auswertung der Kampagne erkenntlich, welche Suchbegriffe, außer den dargestellten, mittels der Unterseiten optimiert werden konnten. Während der Vorbereitung auf die Kampagne wurden in erster Linie die Onpage-Faktoren überprüft. Werden diese systematisch angelegt, kann

---

[126] Vgl. Düweke u. Rabsch Stefan, 2011, S. 436.

Google direkt auf die wichtigsten Bereiche zugreifen. Dadurch wird eine Website, wie die der Soldera GmbH, positiv bewertet und in der Suchmaschine an einer der vorderen Stellen aufgelistet.[127]

Meta-Bereiche und ihre Regeln mit Beispielen (Stand Juli 2015)

Als wichtigster Meta-Bereich musste der Meta-Title auf jeder Unterseite individuell anhand der Seitenthematik angelegt. Es wurden dabei ca. fünf Suchbegriffe und bis zu 60 Zeichen je nach Wortlänge hinterlegt und der Wichtigkeit nach geordnet, wie in Kapitel 4 ausführlich erläutert wurde. Bei der Soldera GmbH ist das Beispiel für den Meta-Title: *<title>Fensterfolien, Sonnenschutzfolien, Sicherheitsfolien, Sichtschutzfolien</title>*

In der Meta-Description wurden die Wörter des Meta-Title aufgegriffen und neu zusammengesetzt werden. Es ist allgemein sinnvoll, sich dabei auf einen Fließtext mit ca. 160 bis maximal 200 Zeichen zu beschränken. Wichtig ist, dass es sich bei der Meta-Description nicht um Aufzählungen handelt, da Google dies als Manipulation verzeichnen und möglicherweise negativ bewerten würde. Sinnvoll ist es, gemäß den MyKompass-Richtlinien aus Anhang 6, die Worte der Meta-Description in einen spannenden Verkaufstext zu verpacken, der die Kundschaft möglicherweise zusätzlich dazu bewegt, die Seite aufzurufen.

Beispiel für die Meta-Description: *<meta name="description" content="Fensterfolien und Sonnenschutzfolien gegen überhitzte Räume, Dekorfolien zur tollen Optik sowie Sicherheitsfolien und Sichtschutzfolien für Eigenheim oder Gewerbe. Wir montieren für Sie in der ganzen Schweiz.">*

Im Bereich Meta-Keywords dürfen Suchbegriffe als Aufzählung publiziert werden. Diese Keywords unterstützen den Meta-Title und die Meta-Description. Die Anzahl von zehn Wörtern sollte bei den Meta-Keywords allerdings nicht überschritten werden. Außerdem sollten die verwendeten Wörter auch im Seitentext der Website vorhanden sein, sodass der Zusammenhang von Fließtext und Meta-Bereichen insgesamt, wie in Kapitel 4 beschrieben, übereinstimmt.

---

[127] Vgl. Löffler, 2014, S. 341 - 342.

Bildbeschriftungen

Die Dateinamen einzelner Fotos auf einer Website werden von Google ausgelesen; die myKompass AG hat dies bei früheren Kampagnen bereits positiv in Betracht gezogen, wie dem Anhang 6 entnommen werden kann. Es ist deshalb erforderlich, dass Fotos themenspezifische Bezeichnungen enthalten. Das bedeutete auch für die Soldera GmbH, dass die für die Startseite relevantesten Worte aus dem Meta-Title als Dateinamen für Bilder und Grafiken verwendet werden mussten.

Beispiel für die Bildbeschriftung: *«fensterfolien_zuerich»*

Technische Anmerkung: An dieser Stelle sei angemerkt, dass Text im Bild nicht als Seitentext erkannt wird und dieser zusätzlich im Fließtext der Seite platziert werden sollte, sodass er von der Suchmaschine berücksichtigt werden kann.

Überschriften

Die *«H1 Überschriften»* der einzelnen Unterseiten sind suchmaschinenrelevante Elemente, denn sie zeigen eine Vorschau zur Seitenthematik. Damit eine Überschrift nützliche Informationen an die Suchmaschine weitergeben kann, ist es wesentlich, dass mindestens ein Suchbegriff in der Überschrift verwendet wird, bestenfalls an erster Stelle.

Beispiel für die Überschriften: *«Fensterfolien und Sichtschutzfolien der Soldera in Pfäffikon»*

Dabei war bei der Soldera GmbH zu beachten, dass pro Unterseite höchstens eine Hauptüberschrift platziert wurde. Alles was darüber hinausgeht, wird möglicherweise von Google als Manipulation erkannt und entfernt wie in Kapitel 4 dargestellt (*«Panda-Update»*).

Suchrelevanter Inhalt

In der Seitenanalyse wurde bereits erwähnt, dass Meta-Keywords und Seitentext harmonieren sollten. Folglich war es auch bei der Soldera GmbH maßgeblich, dass relevante Suchbegriffe im Seitentext der einzelnen Webseiten wiedergefunden werden können.

Beispiel für den Seitentext: *«An heißen Tagen möchte man sich vor der Sonne schützen können. Die Anschaffung von einem Sonnenschutzglas ist allerdings äußerst teuer. Wer es preiswerter haben möchte, bestellt sich einfach eine Soldera Sonnenschutzfolie.»*

Das Gleichgewicht zwischen Meta-Bereich und Seitentext für die Suchmaschine ist im Beispiel erkennbar. Relevante Suchbegriffe wurden innerhalb eines sinnvoll formulierten Textes dargestellt. Dieser natürlich lesbare und gleichzeitig optimierte Textinhalt erhöht den Qualitätsfaktor der gesamten Website. Übertreibungen sind an dieser Stelle zu vermeiden, wie in Kapitel 4 erläutert wurde, da sie auch hier zu einer Abwertung der Seite durch Google führen können.

URL

URLs gewähren durch ihre Benennung potenziellen Seitenbesuchenden einen ersten Einblick in den Seiteninhalt. So ist es bei einer neuen Website essenziell, die Domain innerhalb der URLs entweder nach der Firma oder nach einem Hauptprodukt des Unternehmens zu benennen. Änderungen auf bestehenden URLs werden recht schnell von der Suchmaschine indexiert. Neu erstellte URLs müssen dagegen erst in den Suchmaschinenindex aufgenommen werden, was aus Erfahrung viel Zeit in Anspruch nimmt.

Beispiel für die URL: Die bestehende Domain www.soldera.ch wurde für die SEO beibehalten, da sie bereits ein Jahr zuvor generiert wurde. Noch besser gewesen wäre: www.soldera-folien.ch. Da diese Domain jedoch ein Jahr aufzuholen gehabt hätte, um auf den gleichen Qualitätsstandard zu kommen, wurde die bestehende URL verwendet. Bei Google wird – wie in Kapitel 4 erwähnt – das Alter der Website in der Aufstellung bewertet.

Für die einzelnen Unterseiten-URLs, auch: *«NICE-URL»* genannt, sollten zur Sichtbarkeit in der Suchmaschine ebenfalls themenrelevante Begriffe vergeben werden.[128]

Beispiel einer Unterseiten-URL: Die Rubrik Dekorfolie auf der Website der Soldera GmbH wurde mit dem folgenden suchrelevanten Namen bezeichnet: http://www.soldera.ch/Fensterfolien/Dekorfolie und wird durch die Zusätze *«Fensterfolien»* und *«Dekorfolie»* thematisch relevant für Google.

---

[128] Vgl. Düweke u. Rabsch, 2011, S. 442.

Sitemap

Auf einer Sitemap werden Daten von allen Unterseiten der Website direkt an die Suchmaschine geliefert. Diese zusätzliche Struktur innerhalb der Website bewertet die Suchmaschine positiv. Empfehlenswert ist die Platzierung der Sitemap entweder als Seitenbaum direkt auf der Website oder mit dem Anhang an die URL: *«/sitemap.xml»*, wodurch nur Suchmaschinen die Sitemap analysieren können.

Beispiel für die Sitemap: http://www.soldera.ch/sitemap.xml

Interne Verlinkungen

Logische Links zwischen den Seiten innerhalb der Website zu setzen, bestätigt der Suchmaschine eine gewisse interne Grundstruktur. Erfahrungswerte der Firma myKompass AG ergeben, dass das Verlinken themenrelevanter Bezüge eine gute Bewertung seitens Google zur Folge hat. Auch das Einsetzen von Buttons, die auf die vorhergehende Seite zurückführen, trägt zur besseren Übersicht einer Website bei und wird von der Suchmaschine bei der Bewertung der Website oftmals belohnt.

Beispiel für einen internen Link in der Form eines zurückführenden Buttons: Der Klick auf   http://www.soldera.ch/Fensterfolien/Dekorfolie/Matte-Folie-mit-transparenten-Karos-20x20-mm::463.html, führt zur genaueren Produktbeschreibung und ein Link leitet in den Warenkorb weiter. Es gibt hier aber auch die Möglichkeit *«zurück»* oder ein anderes Produkt anzuklicken.

Alle beschriebenen Faktoren führten für die Website der Soldera GmbH zu einer soliden SEO-Basis, um von der Suchmaschine positiv berücksichtigt zu werden. Entlang des Google-Algorithmus gibt es noch weitere Punkte, welche optimiert werden können. Je nach SEO-Ergebnis besteht die Möglichkeit, Ergänzungen im Anschluss an eine erste Endauswertung der Kampagne vorzunehmen. Einige der Faktoren sind bei gründlicher Vorbereitung jedoch gar nicht notwendig (siehe Anhang 6).

Offpage-Faktoren

Die Suchmaschinenoptimierung über Offpage-Faktoren umfasst – wie bereits beschrieben – die Backlinks. Für Betreuende der Website ist dieser Faktor begrenzt beeinflussbar, da Webbetreuende der Quell-Websites gewillt sein müssen, die

Partnerwebsite zu berücksichtigen. Messbar ist die Anzahl der bestehenden Backlinks über Analyse-Portale wie zum Beispiel: www.backlinktest.com.[129]

Beispiel für eine Backlinkanfrage: Mit der Überarbeitung der Website der Soldera GmbH in der Schweiz wurden Partnerunternehmen über die Websiteadresse informiert, mit der Bitte um eine Linksetzung. Soldera Filialen in Österreich und Deutschland sowie die Firma Schindler Fenster in der Schweiz haben nach Anfrage Backlinks auf die Domain www.soldera.ch gesetzt, welche dann über www.backlinktest.com manuell nachgeprüft werden konnten.

B. Lokale SEO auf Google mit Google+ und Google My Business

Am Beispiel des CinemaxX Sindelfingen[130] wurde in Kapitel 5 vermittelt, dass Google+ in Verbindung mit Google My Business die lokalen Ergebnisse in der Suchmaschine beeinflussen kann. Die nachfolgenden Optimierungsmaßnahmen sollten bei der Soldera GmbH denselben Effekt hervorrufen.

Unternehmensbereich

Für die Suchmaschinenoptimierung mittels Google+ und Google My Business gilt: Je mehr Unternehmensdaten Google My Business von der Soldera GmbH erhält, desto mehr kann die Suchmaschine auswerten, sowohl im Bereich Google+ als auch in den verknüpften Google-Anwendungen. Besonders relevant ist beim Ergänzen von Daten der Punkt «*Kategorie*», da die Suchmaschine Google die Präsenz des Google+ Eintrages stark an den dort hinterlegten Suchbegriffen ausrichtet. Google stellt hier bisher nur eine vordefinierte Auswahl an Begriffen zur Verfügung. Für manche Branchen sind die wählbaren Optionen dadurch nicht immer treffend, so verhielt es sich auch bei der Soldera GmbH.

Beispiel für Kategorien: Da es unter den Kategorien weder das Wort Schutzfolien noch Sichtschutz gibt, mussten themenverwandte Begriffe wie Scheibentönungsservice und Anbieter von Sicherheitssystemen auf Google+ gewählt werden.

---

[129] Vgl. Düweke u. Rabsch, 2011, S. 443 - 445.
[130] Manuelle Eingabe bei www.google.de: www.google.de/webhp?sourceid=chrome-instant&ion=1&espv=2&ie=UTF-8#q=kinoProzent20sindelfingen (21. 07. 2015).

Fließtext für Google+ Beiträge

Bei den Google+ Beiträgen sollte berücksichtigt werden, dass analog zu den Websites ein suchmaschinenrelevanter Text zur Verfügung gestellt wird. Es gilt auch hier die Regel, keine kopierten Textinhalte zu verwenden, Keywords im Text zu integrieren und die angefügten Medien jeweils mit themenspezifischen Beschriftungen zu versehen. Zudem tragen die sogenannten *«Hashtags»*, zum Beispiel: *«#Fensterfolie»*, als direkte Links von Suchbegriffen dazu bei, dass Beiträge in der Google+ Suche an Relevanz gewinnen. Dies wiederum wirkt sich auf die Google-Suchmaschine aus.[131] Förderlich für die SEO ist im nächsten Schritt, dass Beiträge geteilt und bewertet werden. Zudem können wertvolle Social-Signals auf die Website gesetzt werden.

Beispiel für Hashtags: Im Text über Fensterfolien für die Schweiz stehen folgende Hashtags: *«#Fensterfolien #Schweiz»*. Die Suchmaschine erkennt die thematische Ordnung des Beitrages und bewertet die themenrelevanten Links positiv.

Google-Bildersuche

Dateinamen von Fotos, die sich auf einer Website befinden, werden von Google berücksichtigt. Dies gilt auch für die Social-Media-Plattform Google+. Grafiken, Fotos und andere Medien sollten nach Möglichkeit themenspezifische Bezeichnungen tragen, womit sie dann eine gute Platzierung innerhalb des Netzwerkes Google+ wie auch in der Google-Bildersuche erhalten können (Anhang 6).

Beispiel für Google-Bildersuche: Das Titelbild des Google+ Eintrages wurde mit *«sonnenschutzfolien_pfaeffikon»* benannt und erscheint nun bei der Eingabe dieser Kombination in der Bildersuche bereits auf Platz sechs.

Google+ Bewertung und Anbindung an YouTube

Sowohl Bewertungen als auch die Verbindung mit dem Social Media YouTube tragen zu einer besseren SEO auf lokaler Ebene bei. Konkrete Ausführungen hierzu befinden sich in der Fallstudie 7.2.

---

[131] Vgl. Faber, 2013, S. 103 - 104.

C. Synergien von SEO und SEA

Wie in den Kapiteln 3 und 4 veranschaulicht, kann Google AdWords nicht direkt zur SEO verwendet werden. Das Anzeigensystem unterstützt die SEO allenfalls. Unabhängig von der SEO-Kampagne wurde von der Soldera GmbH eine AdWords-Kampagne in Auftrag gegeben. Synergien mit der SEO können nach ersten Beobachtungen festgestellt werden.

Beispiel Synergie SEO und Google AdWords: Die Google-AdWords-Anzeige beinhaltet wie die SEO die Suchkombination *«Graffiti Folie»*. Mit der SEO steht die Sucheingabe nach manueller Auswertung auf Platz sieben. Mittels AdWords ist sie jedoch zusätzlich bei den bezahlten Werbeanzeigen auf dem ersten Platz zu sehen.[132] Die Wahrscheinlichkeit steigt je nach Platzierung der Einträge um ein Vielfaches, dass bei zwei oder mehr sichtbaren Einträgen einer Firma zur selben Zeit auf den SERP von Google mindestens einmal geklickt wird.

Beobachtung und Auswertung der Kampagne

Die aktivierten Maßnahmen der Soldera-Kampagne wurden im beobachteten Zeitraum 01. April bis 30. September 2015 einer regelmäßigen Beobachtung und Kontrolle unterzogen. Mit dem Auswertungstool Sistrix wird im zweiwöchentlichen Abstand kontrolliert, wo sich die Platzierungen der einzelnen Suchbegriffe befinden und wie der Sichtbarkeitsindex verläuft, analog zur Abb. 11. Stichprobenartig werden Suchbegriffe auch manuell, per Eingabe in die Suchmaske bei Google, überprüft. Anhand der finalen Werte wird zum Ende des Beobachtungszeitraumes festgestellt, ob die Maßnahmen erfolgreich waren und welche Aktionen möglicherweise im Anschluss an die umfassende SEO-Kampagne vorgenommen werden können.

Platzierung von Suchbegriffen allgemein

Die Platzierung der wichtigsten Begriffe in den SERP der organischen Suche von Google ist nach dem Stand vom 30. September 2015 sehr gut. Die Website www.soldera.ch ist gemäß der Ergebnisse von Sistrix, die in der folgenden Abbildung aufgeführt werden, mit 21 verschiedenen Suchbegriffen auf der ersten Seite in den

---

[132] Manuelle Eingabe auf www.google.ch: www.google.ch/webhp?sourceid=chrome-instant&ion=1&espv=2&ie=UTF-8#q=Graffiti+Folie (18. 08. 2015).

SERP von Google zu finden. Die Auswertung mit dem Programm bestätigt manuelle
Sucheingaben auf www.google.ch.[133]

Keywords (Zeige 1 bis 68 von 68)		
Keyword	Position	URL
fensterfolien	1	www soldera ch/Fensterfolien∷1.html
sonnenschutzfolie	1	www soldera ch/
sonnenschutzfolien	1	www soldera ch/
fenster sonnenschutzfolie	1	www soldera ch/
fensterfolie sonnenschutz	1	www soldera ch/
fensterfolie sonnenschutzfolie	1	www soldera ch/
fensterfolien sonnenschutz	1	www soldera ch/
fensterfolie sonne	2	www soldera ch/
fenster kälteschutzfolie	2	www soldera ch/Fensterfolien/Isolier-u-Energiesparfolien/I
kälteschutzfolie	2	www soldera ch/Fensterfolien/Isolier-u-Energiesparfolien/I
milchglas	3	www soldera ch/Fensterfolien/Milchglas-Sichtschutzfolien
sonnenschutzfolien ch	3	www soldera ch/
dekorfolie	4	www soldera ch/Dekorfolie∷51.html
sonnenfolie	4	www soldera ch/
gummiwischer	4	www soldera ch/Fensterfolien/Montage-Zubehoer/Gummi
milchglasfolie	5	www soldera ch/Fensterfolien/Milchglas-Sichtschutzfolien/
autotönungsfolie	6	www soldera ch/Autotoenungsfolien∷3 html
fensterfolien schweiz	7	www soldera ch/
fensterfolien sichtschutz	9	www soldera ch/Fensterfolien/Milchglas-Sichtschutzfolien
fenster folie	9	www soldera ch/
kunststoff stegplatten	10	www soldera ch/Folie-fuer-Kunststoffe/Sonnenschutzfolie-

Abb. 11: Platzierung der Soldera GmbH auf Google[134]

---

[133] Manuelle Messung der Website www.soldera.ch auf: https://ch.sistrix.com/soldera.ch/seo/list (30. 09. 2015),
Login notwendig.
[134] Manuelle Messung des Sichtbarkeitsindexes der www.soldera.ch auf: https://ch.sistrix.com/toolbox
(30. 09. 2015), Login notwendig.

Traffic und Sichtbarkeitsindex der Website

Gemessen mit der Anwendung www.worth.to, welche einzelne Klicks der Besucher zählt, ergibt sich eine Häufigkeit von durchschnittlich 200 Klicks pro Tag auf die Webseite der Soldera GmbH.[135] Die Besucherzahl der Website über die organische Suche beträgt folglich durchschnittlich 6.000 pro Monat. Der Sichtbarkeitsindex der Anwendung Sistrix, der sich aus Besucher-Traffic und Suchbegriffen zusammensetzt, vergibt Bewertungen nach einem Punktesystem. Die Website www.soldera.ch hatte zu Beginn der Kampagne einen Punktestand von 0,1000 und konnte innerhalb eines halben Jahres über 0,2161 Punkte erreichen. Folglich ist ein aktueller Zuwachs von 116,1 Prozent festzustellen, wie es die Abb. 12 und Abb. 13 verdeutlichen. Dem Sichtbarkeitsindex, dargestellt im Kurvendiagramm, der Soldera GmbH kann dabei ein durchgehend positiver Verlauf mit minimalen Schwankungen bis Ende des Beobachtungszeitraumes entnommen werden.

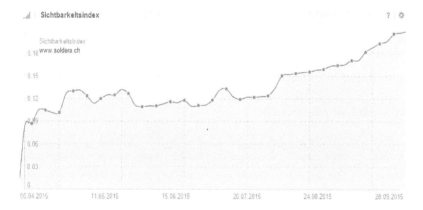

Abb. 12: Sichtbarkeitsindex der Soldera GmbH[136]

---

[135] Eingabe zur Kontrolle der URL www.soldera.ch: www.worth.to/soldera.ch.html (29. 09. 2015).
[136] Manuelle Messung der Website: www.soldera.ch auf: https://ch.sistrix.com/toolbox (30. 09. 2015), Login notwendig.

Die Tendenz zu einer noch besseren Sichtbarkeit der Soldera GmbH in naher Zukunft ist mit einem Prozentsatz von 8,6 Prozent, wie es der nachfolgenden Grafik entnommen werden kann, steigend. Verglichen mit dem Resultat themenverwandter Websites, wird die gute Position der www.soldera.ch hier nochmals verdeutlicht.

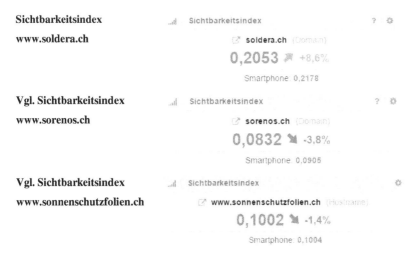

Abb. 13:   Vergleich Sichtbarkeitsindex soldera.ch mit Konkurrenten 2015[137]

Platzierung lokaler Suchbegriffe

In einer SEO-Kampagne steht am Anfang die genaue Zielbestimmung, die das Vorgehen und die Umsetzung der Kampagne entscheidend beeinflusst, wie in Kapitel 4 erläutert. Das Ziel der Soldera GmbH war es, wie in Tab. 3 beschrieben, über die Region Pfäffikon hinaus, also in der gesamten Schweiz, an Bekanntheit zu gewinnen. Gemäß den vorhergehenden Zahlen von Sistrix konnte dieses Ziel gut erfüllt werden. Da zum Vergleich aufgedeckt werden soll, welchen Nutzen Google+ in Verbindung mit Google My Business bei der Kampagne hat, wird über die Eingabe in das Suchfeld von Google eine manuelle Auswertung der regionalen Suche vorgenommen, welche folgende Werte zum Vorschein bringt:

---

[137] Manuelle Eingabe und Messung der Websites: www.soldera.ch, www.sorenos.ch und www.sonnenschutzfolien.ch auf: https://ch.sistrix.com/toolbox (30. 09. 2015), Login notwendig.

Suchbegriffe	SERP	Platzierung	Landingpage
Sonnenschutzfolien Pfäffikon	1	1	Website und Google+,
Sonnenschutzfolien Pfäffikon	1	9	Google+, Lokale SERP

Suchbegriffe	SERP	Platzierung	Landingpage
Glasschutzfolien Pfäffikon	1	1	Website und Google+
Glasschutzfolien Pfäffikon	1	1	Google+, Lokale SERP

Suchbegriffe	SERP	Platzierung	Landingpage
Splitterschutzfolie Pfäffikon	1	7	Google+, Lokale SERP
Splitterschutzfolie Pfäffikon	1	8	Google+, Lokale SERP
Splitterschutzfolie Pfäffikon	1	9	Google+, Lokale SERP

Tab. 6:   Lokale SERP der Soldera GmbH[138]

Die Platzierungen der ausgewählten sieben Begriffskombinationen im lokalen Umfeld der Soldera GmbH, bezogen auf den Unternehmensstandort Pfäffikon, befinden sich innerhalb der ersten neun Plätze der SERP und weisen damit gute Werte auf.

Traffic Google-Statistiken

Im betrachteten Monat September können gemäß der Google-My-Business-Statistik, basierend auf Google Analytics, durchschnittlich 2.017 Aufrufe allein auf der Google+ Seite verzeichnet werden. Gemäß der Grafik kommen davon 1.144 Nutzende direkt über die Suchmaschine Google auf den Social-Media-Eintrag. Als Folge der Sichtbarkeit in den SERP werden innerhalb von 30 Tagen über Google+ außerdem bis zu zehn Anrufe ausgelöst.[139]

---

[138] Manuelle Eingaben auf www.google.ch (29. 09 .2015).
[139] Google My Business Bereich: https://plus.google.com/u/0/b/107731819799326310442/insights/visibility (30. 09. 2015), Login notwendig

Ergebnis und Ausblick der SEO-Kampagne der Soldera GmbH

Mit den Auswertungen durch die unterschiedlichen SEO-Anwendungen steht für die Soldera GmbH unter Herrn Sopi fest, dass die Optimierungsmaßnahmen bereits sehr erfolgreich sind. Es kann ein starker Anstieg bei der Sichtbarkeit der Website festgestellt werden. So wird durch die Abb. 11 ersichtlich, dass insgesamt 21 Suchbegriffe in den überregionalen SERP auf Seite eins vorkommen und zwölf Begriffe davon Rang eins bis drei belegen, welche die wichtigsten Plätze der Suchmaschinenliste darstellen.[140] Durch die guten Platzierungen und den regen Traffic auf der Website wurde ein recht guter Sichtbarkeitsindex gemäß der Anwendung Sistrix erreicht. Die von Herrn Sopi gesetzten Ziele wurden somit erfüllt. Auch die ergänzenden Zahlen des Google+ Bereiches weisen einen guten Wert auf. Mit Google+ waren sogar Wörter auf regionaler Ebene erfolgreich, die mit der Website noch gar nicht abgedeckt werden konnten. Diese positiven Entwicklungen können sich auch in Zukunft auf das mittelständische Unternehmen Soldera GmbH gewinnbringend auswirken. Die SEO-Kampagne sollte mit den bereits getroffenen, erfolgreichen Maßnahmen fortgeführt und entlang der Unternehmensinteressen nach und nach erweitert werden.

7.2   Kampagne Dr. med. dent. Roberto A. Müller GmbH – lokale SEO

Die Dr. med. dent. Roberto A. Müller GmbH ist eine expandierende Zahnarztpraxis in Rapperswil (Schweiz). Der Leiter der Praxis, Herr Müller, plante ein Budget von CHF 1.000 pro Jahr für seinen ersten Internetauftritt bereitzustellen. Herr Müller wollte damit testen, ob er auf lokaler Ebene eine gute Platzierung in der Suchmaschine Google erreichen konnte und kontaktierte dazu einen SEO-Berater. In Anhang 5 befinden sich die zur Kampagne gehörenden Firmendaten der Dr. med. dent. Roberto A. Müller GmbH, auf deren Basis die Untersuchungen vorgenommen werden.

Ziele festlegen

Die Zahnarztpraxis hatte bis ins Jahr 2015 keinen eigenen Internetauftritt. Deshalb war mit der SEO über Google+ eine erste Kampagne im World Wide Web geplant. Herr Müller wünschte sich für seine Praxis mit dieser Methode eine dauerhafte Sichtbarkeit

---

[140] Fischer, 2009, S. 169.

auf Google in der Region Rapperswil. Als Bonus erhoffte er sich mehr Bekanntheit und Terminanfragen direkt über das Internet. Die Ziele der SEO-Kampagne können der Tab. 7 entnommen werden.

Ziele	
Primäres Ziel	Möglichst gute Platzierung in den Google SERP für Rapperswil
Zielgruppe	Deutschsprachige Privatpersonen im Alter von 12 bis 80 Jahren, die einen Zahnarzt in der Region suchen
Zielmarkt	Großraum Rapperswil
Marke	Die Marke ist im Internet unbekannt und soll erstmals auftreten
Kernthemen	Kieferorthopädie, Kieferorthopäde, Zahnarztpraxis, Zahnarzt, Rapperswil

Tab. 7:   SEO-Ziele Kampagne Dr. med. dent. Roberto A. Müller GmbH

Methoden für die Kampagne

A. Lokale SEO auf Google mit Google+ und Google My Business

Kosten und Aufwand

Das Budget für sämtliche SEO-Maßnahmen der Zahnarztpraxis belief sich, wie der Tab. 8 entnommen werden kann, auf etwa CHF 500 für den Betrachtungszeitraum. Kosten für die Erstellung und das Optimieren des Google+ Eintrages wurden mit dem Jahresbudget von CHF 1.000 veranschlagt.

Kosten	Bemerkungen
Ca. 500 Schweizer Franken	Für den Zeitraum 01.April bis 30.September 2015

Tab. 8:   SEO-Budget Dr. med. dent. Roberto A. Müller GmbH

Da die Zahnarztpraxis keine Website als Datenquelle führt, mussten Suchbegriffe von Grund auf recherchiert und sämtliche Textinhalte neu verfasst werden. Die Vorbereitungsmaßnahmen zur Erstellung des Google+ Eintrages benötigten somit etwa zehn Stunden Arbeitszeit. Entsprechend der bereits vorliegenden Ideen, hinsichtlich der Optimierung von Herrn Müller, verkürzte sich die Arbeitszeit ein wenig. Die Pflege und Optimierung der Plattform besteht weiterhin und wird über einen noch offenen Zeitraum stattfinden. Analysiert wird an dieser Stelle der Kampagnenzeitraum 01. April bis 30. September, analog zur Kampagne der Soldera GmbH.

Kampagne vorbereiten und aktivieren

Auch für eine lokale SEO-Kampagne stellt das Festlegen von Suchbegriffen den zentralen Punkt der Optimierung dar.[141] Auf dieser Basis konnte der Google+ Eintrag, in Verbindung mit dem Google-My-Business-Bereich, für Herrn Müller ausgestaltet werden. Besonders wichtig ist bei einer lokalen Kampagne die Berücksichtigung aller zu bewerbenden Ortschaften (Anhang 6).

A. Lokale SEO auf Google mit Google+ und Google My Business

Im Gegensatz zu einer Website, welche über mehrere Unterseiten verfügt, steht bei Google+ nur eine Kernseite für die SEO-Optimierung zur Verfügung. Diese sollte mit einer begrenzten Anzahl von Suchbegriffen, die für das Unternehmen besonders wichtig sind, ausgestaltet werden. Eine sorgfältige Analyse sollte schließlich die relevante Selektion der Keywords hervorbringen. Dazu wurde in Kapitel 4 bereits grundsätzlich erläutert, in welcher Form entscheidende Keywords definiert werden können, wie beispielsweise der regionale Bezug oder spezifische ökologische Produkte. Interessant ist hier die Frage, warum sich die Zahnarztpraxis nicht zunächst für einen Social Media Auftritt, beispielsweise auf Facebook, entschieden hat. Dabei spielt sicher eine Rolle,

---

[141] Vgl. Tantau, 2012, S. 182 - 183.

dass Facebook im Vergleich zu Google+ keine hohe Trefferquote bei Google besitzt und damit schwerer auffindbar ist (wie in Kapitel 5 dargestellt).

Folgende Suchbegriffe wurden für die Zahnarztpraxis nach Relevanz festgelegt: Kieferorthopädie, Kieferorthopäde, Zahnarztpraxis, Zahnarzt, Rapperswil.

Die lokale SEO-Kampagne musste außerdem, verglichen mit der Onpage-Optimierung einer Website, primär in den Bereichen Fließtext für Beiträge, Google-Kategorien, Suchbegriffe in Hashtags und Bildbeschriftungen optimiert werden. Das reduzierte Spektrum der wirksamen Optimierung war dabei bewusst auf die lokalen Möglichkeiten auszugestalten.

Fließtext für Beiträge

Der Fließtext in den Beiträgen wirkt sich auf den lokalen und organischen Teil der Suchmaschine aus. Alle Texte für Herrn Müller wurden daher harmonisierend zu den Suchbegriffen festgelegt. Zudem ist es wesentlich, die Suchbegriffe auch als Hashtags zur verwenden.[142]

Beispiel für den Fließtext: Ihre #Zahnarztpraxis bietet insbesondere auch Kinder-Kiefer-Orthopädie. Kontaktieren Sie uns. Das Dr. med. dent. Roberto A. Müller-Team freut sich darauf, Sie persönlich zu beraten #Zahnarzt #Kieferorthopäde #Rapperswil

Google-Bildersuche

Die Bildbeschriftungen wurden bei der Kampagne von Herrn Müller wie im Beispiel der Soldera GmbH so erstellt, dass im Text verwendete Keywords in den Dateinamen der Bilder wieder aufgegriffen werden.

Beispiel für die Bildersuche: Ein Bild zum obigen Fließtext erhielt zum Beispiel den Dateinamen «kieferorthopaedie_rapperswil», um in der Bildersuche, der lokalen Suche und auf Google+ besser gefunden zu werden.

Unternehmensbereich

Für den Google-My-Business-Unternehmensbereich gilt ebenso wie bei der Soldera GmbH, je mehr Daten an Google übergeben werden, desto besser die Chance für eine

---

[142] Vgl. Faber, 2013, S. 32.

gute Positionierung auf Google. Bei einem Zahnarzt mit speziellem Fachgebiet gibt es unter *«Kategorie»* eine vergleichsweise große Palette an Auswahlmöglichkeiten. Beispiel für Kategorien: Zahnarzt, Kieferorthopädie, Zahnästhetische Praxis, Zahnärztlicher Notdienst.

Google+ Beiträge

Da der Zahnarzt nur diesen einen SEO-Kanal zur Verfügung hatte, wurde die Empfehlung ausgesprochen, in kürzeren Intervallen schriftliche Beiträge auf der Google+ Seite zu publizieren, um durch stetige Aktualität der Seite mehr Besuchende anzulocken. Aktuelle Inhalte werden von Google beim Ranking berücksichtigt und andere Google+ Nutzende werden somit über Neuigkeiten direkt informiert und zum Teilen der Inhalte motiviert.

Google-My-Business-Bewertungen

Erfahrungsberichte zeigen, dass gute Google+-Bewertungen bei der SEO von Google+ Einträgen eine bedeutende Rolle spielen. Wird die Zahnarztpraxis von Herrn Müller auf Google gesucht, zeigt es im lokalen Bereich auf den ersten Blick die Bewertungen an. Sichtbarkeit und Klickverhalten auf den Eintrag werden dadurch positiv beeinflusst.[143] Hierzu hatte Herr Müller von Anfang an die Möglichkeit, seine Patienten auf den neuen Internetauftritt direkt oder über einen Aushang, zum Beispiel im Wartezimmer, aufmerksam zu machen, damit diese seine Arbeit auf Google+ bewerten können.

Google+ mit YouTube verbinden

Die Anbindung von Google+ an den Videokanal YouTube bewirkt, dass auch der Nutzerkreis von YouTube über den Google+ Eintrag informiert werden kann. Dieser Schritt ist sinnvoll, sobald eine Firma das erste Video publiziert. Denn das Videonetzwerk selbst nimmt Einfluss auf die Suchmaschine Google und spricht so einen erweiterten Personenkreis an, was durchaus gewinnbringend für die SEO sein kann. YouTube stellt – wie in Kapitel 5 erläutert – mit der Videosuche nach Google zudem die zweitgrößte Suchmaschine der Welt dar, mit monatlich ca. einer Milliarde Nutzenden. Das Portal kann für ein mittelständisches Unternehmen somit auch eine sinnvolle

---

[143] Vgl. Faber, 2013, S. 139.

Erweiterung zur direkten Gewinnung neuer Kunden sein. Da Herr Müller bislang kein Firmenvideo besitzt, musste dieser Schritt bei der Kampagne ausgelassen werden.

Beobachtung und Auswertung der Kampagne

Nach Ausarbeitung der Details wurde die Kampagne der Dr. med. dent. Roberto A. Müller GmbH analog zur Kampagne der Soldera GmbH aktiviert und einer regelmäßigen, stichprobenartigen Erfolgskontrolle unterzogen. Suchmaschinenrankings werden dabei auf lokaler Ebene geprüft und die Google-My-Business-Statistik zum Abschluss der Kampagne ausgewertet.

Platzierung lokaler Suchbegriffe

Die Kampagne des Zahnarztes Herrn Müller weist bei der Endkontrolle im September auf Seite eins der SERP von Google die folgenden Werte auf:

Suchbegriffe	SERP	Platzierung	Landingpage
Kieferorthopädie Rapperswil	1	1	Google+, Lokale SERP
Kieferorthopäde Rapperswil	1	1	Google+, Lokale SERP
Zahnarzt Kieferorthopäde Rapperswil	1	3	Google+, Lokale SERP
Zahnarzt Rapperswil	1	9	Google+, Lokale SERP
Zahnarztpraxis Rapperswil	1	10	Google+, Lokale SERP

Tab. 9: Lokale SERP Dr. med. dent. Roberto A. Müller GmbH[144]

Die definierten Keywords der Kampagne haben gemäß der manuellen Kontrollübersicht in Tab. 9 im September sehr gute Werte auf lokaler Ebene erreicht, was sich anhand der Plätze eins bis zehn innerhalb der SERP bei Google erkennen lässt.

Traffic Google-Statistiken

Die Google-My-Business-Statistik zeigt Ende September im Zeitraum von durchschnittlich 30 Tagen an, dass insgesamt 1.619 Aufrufe der Google+ Seite getätigt

---

[144] Manuelle Eingaben auf www.google.ch (30. 09. 2015).

wurden und davon allein 1.037 Nutzende über die Google-Suchmaschine auf die Einträge aufmerksam wurden. Zusätzlich konnten Aufrufe über das interne Netzwerk von Google+ verzeichnet werden, wodurch wiederum acht Anrufe direkt über Google+ ausgelöst werden konnten.[145]

Ergebnis und Ausblick der SEO-Kampagne

Das Ziel einer besseren Sichtbarkeit der Zahnarztpraxis in der Suchmaschine Google wurde erreicht. Damit der Erfolg bestehen bleibt und bestenfalls auch der Bekanntheitsgrad ansteigt, müssen die Optimierungsmaßnahmen auf Google+ weiterhin aktiv betrieben werden. Es empfiehlt sich für Herrn Müller außerdem, bei steigenden Anfragen und verfügbarem Budget in absehbarer Zeit eine eigene Website zu erstellen, da der Bekanntheitsgrad im Internet dadurch auf eine globalere Ebene ausgeweitet werden kann, wie in Fallstudie 7.1. Durch die Kampagne wird sichtbar, dass allein durch das Social Media Google+ eine bestimmte Sichtbarkeit in der Suchmaschine auf lokaler Ebene erreicht werden kann.

7.3   Ergebnisse der Kampagnen im Vergleich

Nachdem im ersten Teil der Arbeit auf grundlegende Kriterien der Suchmaschinenoptimierung eingegangen wurde, beschreiben die dargestellten Kampagnen zwei SEO-Beispiele von mittelständischen Unternehmen in der Schweiz mit verschiedenen Ausgangssituationen. Bedingt durch Branchenunterschiede, Standorte und Unternehmensstrukturen sind die Analysen nicht repräsentativ genug, um auf eine größere Gesamtheit in den DACH-Staaten schließen zu können. Beide Kampagnen geben jedoch einen Einblick in die grundlegenden Möglichkeiten der Suchmaschinenoptimierung. Bei der Kampagne der Soldera GmbH wurde mittels Onpage-Optimierung einer Website eine umfassende SEO betrieben. Dabei war das Ziel, mit den wichtigsten Suchbegriffen der Firma die bestmögliche Platzierung in der Suchmaschine Google zu erreichen, unabhängig vom Standort. Tatsächlich hat es die Soldera GmbH mit einem eingeschränkten Budget von ca. CHF 2.000 geschafft, mit insgesamt 21 Suchbegriffen bei Google auf der ersten Seite zu landen. Davon befinden sich zwölf

---

[145] Google My-Business-Bereich: https://plus.google.com/u/0/b/107731819799326310442/insights/visibility (30. 09. 2015), Login notwendig.

Suchplatzierungen innerhalb der ersten vier Plätze auf Google. Zusätzlich wurde ein Google+ Eintrag generiert, welcher ebenfalls eine gute Positionierung auf lokaler Ebene erreicht hat und Social Signals an die Website zurückgeben kann. Das Ergebnis ist sehr gut, bedarf aber für konstantes Wachstum der weiterführenden, regelmäßigen Pflege. Die Aufrufe der Google+ Seite sind bei beiden Kampagnen jeweils recht hoch. Im Gegensatz zur Soldera GmbH hatte der Zahnarzt mit CHF 500 für den Betrachtungszeitraum ein niedriges Budget, um im Internet aktiv zu sein. Durch den gezielten Einsatz des Social Media Google+ konnte jedoch auch für seine Praxis eine gewisse Bekanntheit in der Suchmaschine erreicht werden. Mit insgesamt fünf Suchbegriffen auf Seite eins von Google, dabei drei Begriffen auf den ersten drei Plätzen, konnte eine rege Besucherfrequenz hinsichtlich des Google+ Eintrages gemessen werden. Die Google Statistik zeigt als Folgeergebnis, dass über den Google+ Auftritt einige neue Anrufe generiert wurden. Zusammenfassend konnten beide Kampagnen ihre gesetzten Ziele innerhalb der gegebenen Möglichkeiten erreichen und die gewünschten Erfolge mittels der SEO erzielen.

8 Fazit und Ausblick

Über 76 Prozent aller Menschen im deutschsprachigen Raum benutzen heute das Internet und verwenden dabei eine Suchmaschine. Die Chancen mittelständischer Unternehmen, sich in diesem großen digitalen Markt bemerkbar zu machen, sind sehr hoch. Die SEO mittels einer Website ist der Grundstein, der dabei für ein Unternehmen gelegt werden kann. Anhand der exemplarischen Fallstudie Soldera GmbH wurden die wichtigsten Optimierungsfaktoren erläutert, die mit der Onpage-Optimierung direkt auf der Website vorgenommen werden können. Somit ist es für den Erfolg einer Website im Jahr 2015 wichtig, festzulegen, mit welchen Sucheingaben das Unternehmen auf Google gefunden werden soll und ob Kriterien, wie beispielsweise eine geografische Eingrenzung dabei eine Rolle spielen. Qualitativ hochwertige Texte inklusive der Suchbegriffe und die sogenannten Meta-Bereiche sind bei der strategischen SEO ebenfalls von hoher Bedeutung. Wie die Soldera GmbH Kampagne zeigt, nimmt das Erstellen und Indexieren der einzelnen Seiten einer Website erhebliche Zeit in Anspruch. Der Mehrwert jedoch, den die SEO bietet, wird wie in der Fallstudie mittels einer Auswertung verdeutlicht, schon nach mehreren Monaten sichtbar. Damit wurde aufgezeigt, dass eine systematische SEO-Struktur auf einer Website auch die Basis für eine funktionierende SEO darstellt. Diese Struktur beinhaltet eine realistische Zielsetzung, eine genaue Eingrenzung von Suchbegriffen und Methoden, sowie Geduld bei der Auswertung der Ergebnisse. Außerdem sollten die betreuenden SEO-Beauftragten das gesammelte Wissen zum Thema nicht mit dem ersten Erfolg der Kampagne brach liegen lassen, sondern regelmäßig Neuerungen in Erfahrung bringen und in der weiteren Pflege der Website berücksichtigen. Denn grundsätzlich kann basierend auf den Auswertungen der Kampagnen postuliert werden, dass eine Suchmaschinenoptimierung einen ständigen Prozess darstellt. Sie befindet sich in einem unablässigen Wandel und muss nach erfolgreicher Anwendung weiterhin sorgfältig gepflegt und für zukünftige Erfolge regelmäßig aktualisiert werden.

Die Verknüpfung einer Website mit Social Media oder Google AdWords hat in den meisten Fällen einen SEO-Bonus zur Folge. Dies liegt an den folgenden Effekten: Einerseits wird der Kreis der Adressaten vergrößert und andererseits ergeben sich positive Synergieeffekte, insbesondere bei einer Verwendung der Plattform Google+.

In dieser Ausarbeitung wurde zusätzlich untersucht, ob auch durch das alleinige Verwenden von Google+ mit Google My Business die Sichtbarkeit eines Unternehmens aus dem Mittelstand in der Suchmaschine verbessert werden kann. Verglichen mit Facebook hat Google+ zwar weniger aktiv Nutzende, doch eine Pflege der Plattform ist aktuell von großem Wert für die Suchmaschinenoptimierung. Durch die direkte Verbindung zwischen Google+ und dem Unternehmensbereich Google My Business mit der Suchmaschine Google wird besonders der Aktivität auf Google+ von den Google-Algorithmen große Beachtung geschenkt. Im exemplarischen Fallbeispiel 7.2 hatte ein Zahnarzt, aufgrund seines geringen Werbebudgets, eine SEO-Kampagne ausschließlich über Google+ veranlasst. Dessen Bekanntheit auf Google konnte innerhalb eines halben Jahres initiiert und auf ein beachtliches Maß gesteigert werden. Daher kann die Forschungsfrage, ob Google+ mit Google My Business für mittelständische Unternehmen eine gute Alternative zur SEO auf lokaler Ebene anstelle einer Website sei, bejaht werden. Die Fallstudien zeigen, dass sich allein mit Google+ eine wirksame SEO-Kampagne durchführen lässt. Die gesamte organische Suche wurde durch die Maßnahme allerdings nicht wesentlich verbessert. Die Optimierung mittels einer Website bleibt für eine vollwertige und überregionale SEO daher auch bei Unternehmen mittlerer Größe elementar.

Es lässt sich anhand der Bachelor-Thesis feststellen, dass die Produkte aus dem Hause Google schon jetzt von der Suchmaschine Google durch bessere Platzierungen belohnt werden. Es geht dabei nicht nur darum, wie die organische Suche beeinflusst wird, sondern auch darum, wie die Suchresultate auf Google aussehen. Sind die ersten fünf Einträge auf einer SERP oftmals nur mit Google+ Einträgen und mit sich darüber befindenden Google-AdWords-Anzeigen gefüllt, kann eine Website zwar perfekt optimiert sein, erscheint aber faktisch erst auf Platz sechs oder sieben der SERP. Es ist verständlich, dass der Herausgeber der weltweit größten Suchmaschine seine Anwendungen so ausrichten möchte, dass sie einen festen Stellenwert in genau dieser Suchmaschine bekommen. Ein gut gepflegter Google+ Eintrag verknüpft mit Google My Business ist für Unternehmen aus diesem Grund schon heute zu empfehlen und besonders für mittelgroße Unternehmen eine kostengünstige Chance. Doch noch immer ist für Google die Website der zentrale Punkt, an dem Suchmaschinenoptimierung ansetzen sollte. Ohne effektiven Wandel seitens der Nutzenden ist es allerdings denkbar, dass sich die Relevanzen für die Suchmaschine in Zukunft weiter verlagern. Sollte es soweit kommen, könnte Google+ mit Google My Business eventuell in naher Zukunft eine vollwertige SEO bieten. Externe Websites würden damit an Bedeutung verlieren und die Monopolstellung von Google würde weiter gestärkt.

Zusammenfassend sind die zukünftigen Entwicklungen im Bereich Suchmaschinenoptimierung schwer vorherzusehen und bieten möglicherweise noch weitere ganz neue Ideen und Chancen, um sich als mittelständisches Unternehmen im Internet gut zu positionieren. Auf Basis der Ergebnisse aus den vorhergehenden Fallstudien sind aber auch in der nahen Zukunft sowohl eine gepflegte Website als auch ein optimierter Google+ Eintrag, unabhängig von der Branche des Unternehmens, eine sehr wichtige Basis für die gute Sichtbarkeit auf Google.

Literatur- und Quellenverzeichnis

Alby, Tom: *Web 2.0*. Konzepte, Anwendungen, Technologien. München, 3. Aufl. 2008, Carl Hanser Verlag München.

Aurich, Holger: *Februar 2014: Suchmaschinen Marktanteile DACH Region*. München, 2015, komdat.com, unter: https://www.komdat.com/blog/februar-2014-suchmaschinen-marktanteile-dach-region (abgerufen am: 29. 10. 2015).

Becker, Konrad und Stalder, Felix: *Deep Search*. Politik des Suchens jenseits von Google. Innsbruck, 1. Aufl. 2009, Studien Verlag.

Bernoff, Josh: *Empowered*. Die neue Macht der Kunden. München, 1. Aufl. 2011, Carl Hanser Verlag München.

Beus, Johannes: *Toolbox*. Zur SEO Untersuchung von diversen Websites. Zur Datenabfrage wird ein Login benötigt. Bonn, 2015, Sistrix, unter: https://ch.sistrix.com/toolbox (abgerufen am: 30. 10. 2015).

Beus, Johannes: *SEO/List*. SEO Liste zur Kontrolle der Website-Platzierung in den SERP. Zur Datenabfrage wird ein Login benötigt. Bonn, 2015, Sistrix, unter: https://ch.sistrix.com/toolbox (abgerufen am: 30. 10. 2015).

Beus, Johannes: *Wie eine SEO KPI identifizieren und nutzen*. Bonn, 2015, Sistrix, unter: www.sistrix.de/frag-sistrix/seo-kpi/wie-seo-kpi-identifizieren-und-nutzen (abgerufen am: 18. 08. 2015).

Carstens, Olaf und Feldmann, Wolf-Rüdiger: *Suche nach «googeln»*. Berlin, 2015, Duden, unter: http://www.duden.de/suchen/dudenonline/googeln (abgerufen am: 29. 06. 2015).

Centre for Strategy & Evaluation Services LLP: *Evaluation of the SME definition*. Sevenoaks England, 2012, EU Bookshop, Europäische Kommission, unter: http://bookshop.europa.eu/en/evaluation-of-the-sme-definition-pbNB0214126 (download am: 01. 10. 2015).

Damaschke, Giesbert: *PHP & MySQL*. Der Web-Baukasten für Einsteiger und Individualisten. Weinheim, 1. Aufl. 2014, WILEY-VCH Verlag.

Dean, Brian: *Google's 200 Ranking Factors*. Deerfield Beach USA, 2015, SEJ, unter: http://www.searchenginejournal.com/infographic-googles-200-ranking-factors/64316 (abgerufen am: 20. 10. 2015).

Dubrau, Claudia: *internet facts 2015-05*. Frankfurt am Main, 2015, AGOF e.V, unter: http://www.agof.de/service-downloads/downloadcenter/download-internet-facts (download am: 06. 11. 2015).

Düweke, Esther und Rabsch, Stefan: *Erfolgreiche Websites*. SEO, SEM, Online-Marketing, Usability.Bonn, 1. Aufl. 2011, Galileo Computing.

Erlhofer, Sebastian: *Suchmaschinen-Optimierung*. Das umfassende Handbuch. Bonn, 7. Aufl. 2014, Galileo Computing.

Faber, Ron: *Google+*. Das Plus für Ihr Social-Media-Marketing. Hamburg, 1. Aufl. 2013, Carl Hanser Verlag München.

Firnkes, Michael: *SEO & Social Media*. Handbuch für Selbstständige und Unternehmer. Krugzell, 1. Aufl. 2013, Carl Hanser Verlag München.

Fischbach, Christina und Mack Julia: *Mittelstandskommunikation*. Konstanz, 1. Aufl. 2008, Band 17, UVK Verlagsgesellschaft mbH.

Fischer, Mario: *Website Boosting 2.0*. Suchmaschinen-Optimierung, Usability, Online-Marketing. Heidelberg, 2. Aufl. 2009, mitp Verlag.

Gothein, Georg: *Mittelstand und Fleischnot*. Nach einem am 20. Oktober 1905 in Greifswald gehaltenen öffentlichen Vortrag. Berlin, 1. Aufl. 1906, Wahlverein d. Liberalen.

Grabs, Anne und Bannour, Karim-Patrick: *Follow me!* Erfolgreiches Social Media Marketing mit Facebook, Twitter und Co. Bonn, 2. Aufl. 2012, Galileo Computing.

Grappone, Jennifer und Couzin, Gradiva: *Search Engine Optimization*. An Hour a Day. New Jersey USA, 1. Aufl. 2006, WILEY-VCH Verlag.

Hagenauer, Marion: *Telefonat zum Thema mittelständische Unternehmen*. St. Pölten und Luzern den 11. 08. 2015.Wirtschaftskammer Niederösterreich.

Hemken, Heiner und Rehberg, Constantin und Wienströer, Stefan: *Suchmaschinenverteilung in Deutschland.* Norden, 2015, seo-united.de, unter: http://www.seo-united.de/suchmaschinen.html (abgerufen am: 14. 08. 2015).

Janecek, Filip: *Die Suchmaschinen Architektur.* Rorschach Schweiz, 2015, SEO-Zengarten, unter: http://www.seo-web-agentur.ch/de/suchmaschinen-architektur.html (abgerufen am: 21. 07. 2015).

Kirchhoff, Sabine: *Online-Kommunikation im Social Web.* Mythen, Theorien und Praxisbeispiele. Regensburg, 1. Aufl. 2014, utb GmbH.

Li, Charlene und Bernoff Josh: *Facebook You Tube Xing & Co.* Gewinnen mit Social Technologies. München, 1. Aufl. 2009, Carl Hanser Verlag München.

Linke, W., Mario: *SEO Guru*, Suchmaschinenoptimierung für Anfänger, Fortgeschrittene und Profis. Norderstedt, 1. Aufl. 2014, Books on Demand.

Löffler, Miriam: *Think Content!* Content-Strategie, Content-Marketing, Texten fürs Web. Bonn, 1. Aufl. 2014, Galileo Computing.

Maier, Lila: *Suchmaschinen Marktanteile Europa 2014.* Köln, 2014, lunapark, unter: http://www.luna-park.de/blog/9142-suchmaschinen-marktanteile-europa-2014/#de (abgerufen am 01. 11. 2015).

Nanji, Ayaz: *How the Big 4 Social Platforms Differ: Members vs. Visitors.* New York USA, 2015, MarketingProfs, unter: http://www.marketingprofs.com/charts/2015/26999/how-big-4-social-platforms-differ-members-vs-visitors (abgerufen am: 01. 11. 2015).

Nielsen, Jakob und Loranger, Hoa: *Web Usability.* München, 1. Aufl. 2006, Addison-Wesley Verlag.

Palme, Inga und Ljubic, Natascha: *Social Media Manager im Beruf.* Praxisratgeber für erfolgreiches Social Media Management. Merkers-Kieselbach, 1. Aufl. 2014, NEPA Verlag.

Pariser, Eli: *Filter Bubble.* Wie wir im Internet entmündigt werden. Krugzell und Regensburg, 1. Aufl. 2012, Carl Hanser Verlag München.

Pehland, Werner: *Die 10 wichtigsten Social Media Plattformen im Überblick.* Zürich Schweiz, 2014, blogWerk, unter: http://www.blogwerk.com/downloads/infografiken (abgerufen am: 01. 11. 2015).

Pelzer, Guido, Sommeregger, Thomas und Linnenbrink, Ricarda: *Google AdWords. Das umfassende Handbuch.* Bonn, 1. Aufl. 2015, Rheinwerk Computing.

Promny, Thomas: *Grundlagen der Suchmaschinenoptimierung.* It's not a trick - It's knowledge. Hamburg, 1. Aufl. 2009, tredition.

Rürup, Dipl.-Inf. Mischa: *SEO und SEA: Die optimale Verknüpfung.* Emsdetten, 2015, suchradar, unter: http://www.suchradar.de/magazin/archiv/2011/2-2011/verknuepfung-seo-sea.php (abgerufen am 22. 08. 2015).

Schindler, Martin: *Jedes 6. deutsche Unternehmen ohne Homepage.* München, 2014, NetMediaEurope Deutschland GmbH, unter: http://www.silicon.de/41599521/jedes-6-deutsche-unternehmen-noch-ohne-homepage (abgerufen am: 10. 11. 2015).

Schmidt, Eric: *Google Produkte.* Mountain View USA, 2015, Google, www.google.ch/intl/de/about/products (abgerufen am: 01. 11. 2015).

Schmidt, Eric: *Google My Business.* Ihr Unternehmen auf Google - kostenlos. Alle Einträge auf Google+ und Google My Business werden über diese Website kreiert. Mountain View USA, 2015, Google, unter: http://www.google.ch/intl/de/business (abgerufen am: 01. 11. 2015).

Schmidt, Eric und Rosenberg, Jonathan: *Wie Google tickt.* Frankfurt am Main, 1. Aufl. 2015, Campus Verlag GmbH.

Schwandt, Dr. Friedrich und Kröger, Tim: *Statistiken und Studien zu Google.* Hamburg, 2015, statista, unter: http://de.statista.com/themen/651/google (abgerufen am: 01. 11. 2015).

Schwandt, Dr. Friedrich und Kröger, Tim: *Anteil der Internetnutzer in Deutschland in den Jahren von 2001 bis 2014.* Hamburg, 2015, statista, unter: http://de.statista.com/statistik/daten/studie/13070/umfrage/entwicklung-der-internetnutzung-in-deutschland-seit-2001 (abgerufen am: 01. 11. 2015).

Schwandt, Dr. Friedrich und Kröger, Tim: *Jährliche Ausgaben kleiner und mittelständischer Unternehmen für SEO in Deutschland.* Hamburg, 2015, statista, *unter:* http://de.statista.com/statistik/daten/studie/208984/umfrage/ausgaben-kleiner-und-mittelstaendischer-unternehmen-fuer-seo (abgerufen unter: 01. 11. 2015).

Schwandt, Dr. Friedrich und Kröger, Tim: *Anteil mittelständischer Unternehmen nach jährlicher Ausgabenhöhe für Suchmaschinenwerbung.* Hamburg, 2015, statista, unter: http://de.statista.com/statistik/daten/studie/208986/umfrage/ausgaben-kleiner-und-mittelstaendischer-unternehmen-fuer-sea (abgerufen am: 01. 11. 2015).

Schwandt, Dr. Friedrich und Kröger, Tim: *Marktanteile der Suchmaschinen weltweit nach mobiler und stationärer Nutzung im Juni 2015.* Hamburg, 2015, statista, unter: http://de.statista.com/statistik/daten/studie/222849/umfrage/marktanteile-der-suchmaschinen-weltweit (abgerufen am: 01.11.2015).

Schwandt, Dr. Friedrich und Kröger, Tim: *Anteil der befragten Verbraucher weltweit, die Vertrauen in folgenden Werbeformen haben im Jahr 2015.* Hamburg, 2015, statista, unter: http://de.statista.com/statistik/daten/studie/29057/umfrage/vertrauen-in-werbeformen (abgerufen am: 01. 11. 2015).

Silver, Daniel: *Google Plus: For Business 2015.* E-Book, Ortschaft unbekannt, 1. Aufl. 2015, WebMoneyTutor.com.

Smith, Jon: *Google Kompendium. Alles, was Sie über Google wissen müssen.* Zürich Schweiz, 1. Aufl. 2010, Midas Computer Verlag AG.

Tacke, Sabine: *Krokodil Balingen.* Rottenburg, 2015, Facebook, unter: https://www.facebook.com/balingenkrokodil?fref=ts (Artikel vom: 19. 07. 15, abgerufen am: 02. 10. 2015).

Tantau, Björn: *Google+*. Einstieg und Strategien für erfolgreiches Marketing und mehr Reichweite. Hemsbach, 1. Aufl. 2012, mitp Verlag.

Tober, Marcus: *Ranking-Faktoren*. So sind die Karten 2015 gemischt. Berlin, 2015. searchmetrics, unter: http://www.searchmetrics.com/de/knowledge-base/ranking-faktoren (abgerufen am 17. 07. 2015).

Van Eimeren, Birgit: *Onlinenutzung*. Onlineanwendungen 2014 nach Geschlecht und Alter. Hamburg, 2015, ARD/ZDF, http://www.ard-zdf-onlinestudie.de/index.php?id=502 (abgerufen am: 12. 10. 2015, downloads am: 06. 11. 2015).

Von Bischopinck, Yvonne und Ceryp, Michael: *Suchmaschinen-Marketing*. Konzepte, Umsetzung und Controlling für SEO und SEM. Heidelberg, 2. Aufl. 2009, Springer-Verlag.

Von der Helm, Daniel: *Entwicklung des Internet*. Hamburg, Daniel Von Der Helm, unter: http://dvdh.de/internet/entwicklung-des-internet.html (abgerufen am: 01. 07. 2015).

Weinberg, Tamar: *Social-Media-Marketing*. Strategien für Twitter, Facebook & Co. Köln, 4. Aufl. 2014, O'Reilly Verlag.

Weinland, Kim: *Top-Rankings bei Google und Co*. Bonn, 2. Aufl. 2014, Galileo Computing.

Welter, Prof. Dr. Friederike: *Mittelstandsdefinition*. Bonn, 2015, IfM Bonn, unter: http://www.ifm-bonn.org/mittelstandsdefinition/definition-kmu-des-ifm-bonn (abgerufen am: 01. 11. 2015).

Wenz, Christian und Hauser, Tobias: *Websites optimieren*. München, 2. Aufl. 2013, Addison-Wesley Verlag.

Wojcicki, Susan: *Statistik*. San Bruno USA, 2015, YouTube, unter: https://www.youtube.com/yt/press/de/statistics.html, (abgerufen am: 29. 06. 2015).

Zuckerberg, Marc: *Unsere Mission*. Menlo Park USA, 2015, Facebook, unter: http://de.newsroom.fb.com/company-info, (abgerufen am: 21. 10. 2015).

Anhang

Anhang 1   Glossar

Wort	Erklärung
Browser	Programm für das Surfen im Internet wie beispielsweise Google Chrome oder Internet Explorer.
DACH-Staaten	DACH oder auch D-A-CH ist das Kunstwort für die Zusammenfassung der Länder Deutschland, Österreich und die Schweiz. Es umfasst die Länder, in denen Deutsch eine Landessprache ist.
Domain	Gliederungseinheit der URL. Die URL besteht aus der Top-Level-Domain z.B. dem Länderkürzel *«at»* und der Secondary-Domain, beispielsweise *«alpengaudi»*.
Google	Anbieter der weltweit marktführenden Suchmaschine.
Hashtags	Hashtags werden durch die *«#»* gekennzeichnet und bewirken, dass Worte automatisiert zum Thema weiterverlinkt werden. Hashtags finden sich häufig in Social Media wieder.
Infografik	Eine visuelle Darstellung von Zusammenhängen in einer Abbildung.
Information-Retrieval-System	Verarbeitungsmodul zum Abspeichern der vom Robot ausgelesenen Daten aus dem Internet.
JavaScript	Skriptsprache, die für dynamisches HTML in Internetbrowsern entwickelt wurde. Nachfolger: PHP und MySQL.
Keyword	Das Keyword ist das englische Synonym für: Suchbegriff. Benutzende geben Keywords in das Suchfeld von Google ein, um passende Websites zu finden.
KMU	Kleine und mittlere Unternehmen. Hier werden alle kleinen und mittelständischen Unternehmen in einem Wort zusammengefasst.
Landingpage	Einzelne Seite oder Teil einer Website im Internet, die Nutzende nach dem Klick in der Suchmaschine oder auf ein Werbemittel zu einem bestimmten Thema erreicht.

Wort	Erklärung
Likes	Social Media Kennzeichnung, dass etwas gefällt.
Link	Hyperlink als Querverweis auf Website oder Plattform im Internet.
Meta-Daten	Meta-Daten erhalten übergreifende Informationen über eine Website. Inhalte einer Seite werden durch den Meta-Bereich gestützt und noch besser in der Suchmaschine indexiert. Hierzu gehören: Meta-Title, Meta-Description und Meta-Keywords.
Monitoring	Die systematische Auswertung und Kontrolle einer bestimmten Handlung im Internet anhand von Analysetools. Beispielsweise das Social Media Monitoring zur Auswertung von Social Media.
Offpage-Optimierung	In der Suchmaschinenoptimierung bezieht sich die Offpage-Optimierung auf alle Faktoren, die von außen auf eine Website wirken.
Onpage-Optimierung	Onpage-Optimierung beinhaltet alle Anpassungen, die auf der eigenen Website vorgenommen werden können, beispielsweise der Inhalt, die Überschriften und der Meta-Bereich.
Page Impressions	Page Impressions sind Sichtkontakte von verschiedenen Benutzenden mit werbenden Internetseiten.
Plus One	Programm zur raschen Informationsvermittlung im Social Media.
Ranking	Ranking als Kurzform für das Suchmaschinenranking beschreibt die Reihenfolge der Suchergebnisse in den SERP.
Repository	Depot für Inhalte, die in die SERP gelangen.
SEA	Search engine advertising; Kurzform: SEA, beschreibt das Suchmaschinenmarketing neben dem organischen Index und wird auch durch Keywords gesteuert.
SEM	Search engine marketing; Kurzform: SEM, umfasst alle Maß-nahmen zur Gewinnung von Besuchern auf der eigenen Website über Suchmaschinen und wird in SEA und SEO unterteilt.

Wort	Erklärung
SEO	Search engine optimization; Kurzform: SEO beschreibt die Optimierung von Websites und anderen Internetseiten mit dem Ziel, dass die Website aufgrund einer Suchanfrage auf der SERP möglichst weit oben in der Suchmaschine platziert wird.
SERP	Die englische Abkürzung für Search Engine Result Page/Pages meint die Anzeigeseite(n) von Suchresultaten. Bei Google setzt sie sich aus der organischen Suche, der lokalen Suche und Resultaten aufgrund bezahlter Werbung zusammen.
Share	Social Media Kennzeichnung für Informationen teilen.
Sichtbarkeitsindex	Indikator für die Sichtbarkeit einer Website im Google Ranking. Dieser Index setzt sich auseinander aus dem Ranking der Suchbegriffe und aus dem Website Traffic.
SMART	Eine bewährte Strategie, um Ziele zu formulieren. Die Abkürzung für die Worte spezifisch, messbar, aktionsorientiert, realistisch und terminierbar.
SMO	Social Media Optimization; Kurzform: SMO, beinhaltet die gezielte Optimierung von Social Media für die Suchmaschine.
Social Media	Plattformen für Online Medien in denen sich Internetnutzende untereinander über Alltägliches, Meinungen und Erfahrungen austauschen können.
Social Signals	Signale von Social Media auf andere Social Media oder Websites. Teilweise werden sie zu den Backlinks gezählt.
Spam	Unerwünschte Informationen oder Nachrichten, die keinen Mehrwert für Nutzende darstellen. Oftmals in Verbindung mit einer Massenausstrahlung.

Wort	Erklärung
Suchmaschinenindex	Eine große Sammlung von Daten, die analysiert wurden. Websites werden so im Index an einer bestimmten Stelle hinterlegt und immer wieder gefunden. Texte werden hierzu indexiert, das heißt, ein Dokument im Internet wird mit geeigneten Schlagworten versehen.
Tag/TAG	Themenspezifische aber zusätzliche Informationen und Kategorien.
Traffic	Besucherverkehr auf einer Internetseite, gemessen an der Anzahl der Nutzende pro Tag und an der Datenmenge. Der Traffic gibt Aufschluss über die Attraktivität einer Seite.
Tweet	Beitrag beim Social Media Twitter.
URL	Der Uniform Resource Locator Abk. URL; englisch für einheitlicher Ressourcenanzeiger beschreibt die Adresse, unter der ein Internetauftritt zu finden ist, z.B. www.ich.de.
USP	Unique Selling Positon, das bedeutet die Besonderheit und Alleinstellungsmerkmale einer Marke.
Webcrawler	Ein Computerprogramm, das automatisiert das Internet durchsucht und einzelne Webseiten analysiert und auswertet.
Web-Robot	Programm zur Verbindung der Suchmaschine mit dem Internet. Die Robots lesen Daten aus dem Internet aus.
Webseite	Übersetzung von Webpage also einer Unterseite der Website.
Website	Gesamte Internetseite auf einer Domain. Sie besteht aus der Startseite und weiteren Webseiten bzw. Unterseiten.

Quelle: Eigene Aufstellung, 2015.

Anhang 2   Erweiterte Syntax zur Suche auf Google

Aktives selektieren	Bei Google gibt es außer den Rubriken, Bildersuche, Websuche und Videos auch die sogenannten: Suchoptionen. Hier kann in der Suchmaschine konkret gefiltert werden. Beispielsweise nach Ort, Aktualität und Sprache.
Sprachsuche	Über die Sprachsuche werden Fragen direkt beantwortet.
Dateisuche	Gibt man im Anschluss an den eingegebenen Suchbegriff ein Dateiformat ein, erscheinen in den SERP nur Ergebnisse in diesem Format. Bei Textdokumenten funktioniert das mit den folgenden Dateitypen: DOC, PDF, RTF, TXT, PS, AI, PPT, HTML und mit vielen mehr.
Definition	Gibt man vor der Sucheingabe *«Definition»* ein, ist das erste Ergebnis in den SERP die Webdefinition aus Wikipedia.
Seite	Bei der Eingabe von *«Seite»* und dem Suchwort, werden Websites durchsucht.
Helferfunktionen	Mit der Eingabe von bestimmten allgemeingültigen Interessens-bereichen erscheinen automatische Helfer. Beispielsweise erscheint bei der Eingabe *«Wetter»*, das Wetter für die Region. Dies funktioniert auch mit: Zeit, Taschenrechner, Übersetzer und Währungsrechner, z.B. Eingabe *«Dollar in Euro»*.
Satzzeichen	Mit den Satzzeichen: *«€»*, *«+Chrome»*, oder *«#»*, werden konkretere Ergebnisse geliefert.

Quelle: www.mykompass.ch/marketing/de/blog/mykompass/google-fakten-nutzliche-funktionen-die-fast-keiner-kennt-abe und https://support.google.com/websearch/answer/2466433?hl=de (05. 09. 2015).

Anhang 3   SEO Ranking-Faktoren Übersicht

1	Abgestrafte Inhaber von URL	37	Keyword in URL
2	Affiliate-Links	38	Keyword ist meist genutzter Ausdruck eines Dokuments
3	Aktualität der Inhalte	39	Keyword Worfolge
4	Alter der Seite selbst	40	Keyword-Bedeutung
5	Anzahl der ausgehenden Links	41	Klickbare Buttons
6	Anzahl der Bilder	42	Ländercodes in der URL (.de …)
7	Anzahl Links auf eine Site	43	Länger der URL
8	Aufzählungslisten	44	Leselevel
9	Backlinks	45	Links auf Social Media
10	Bildoptimierung	46	Links auf themenspezifische Websites
11	Defekte Links	47	Links von Social Media
12	Dichte der Keywords	48	Logo mit Startseite verlinkt
13	Differenzierung von Synonymen	49	Menge des Seitentextes
14	Domain alter	50	Menschliche Editoren
15	Domain Historie	51	Mobile Ansicht
16	Doppelter Inhalt	52	Multimedia
17	Einheitliche Navigation	53	Nutzerfreundliches Layout
18	Einzahl- und Mehrzahl Worte	54	Online Shop
19	Einzigartige Inhalte ersichtlich	55	Originale Inhalte
20	Entsprechende 404 Seiten	56	Priorität der Sitemap
21	Ergänzende Inhalte z.B. Übersetzer	57	Qualität interner Links auf Site
22	Exakt der Suchbegriff Domain	58	Quantität anderer Keywords
23	FAQ-Seite	59	Referenzen und Quellen

24	Fehler in HTML	60	Seiten Page Rank
25	Formatierung des Seiteninhalts	61	Seitenkategorie
26	Formulare	62	Seitenladegeschwindigkeit mit Chrome
27	Grammatik und Rechtschreibung	63	Seitenladegeschwindigkeit, HTML
28	H2 und H3- Tag Überschriften	64	Struktur des Inaltes
29	Inhalt der Website erkennbar	65	Synonyme im Meta-Bereich
30	Kategorien und Filter	66	Title-Tag beginnt mit Keyword
31	Keyword als erstes Wort in Domain	67	Umlaute
32	Keyword im Title-Tag	68	URL Pfad und String
33	Keyword in der Domain/URL	70	Verbindung Google My Business
34	Keyword in der Überschrift H1-Tag	71	Verweildauer
35	Keyword in Domain der Unterseiten	72	Website Update
36	Keyword in Meta-Description	73	Werbeanzeigen

Quelle: Aufstellung in Anlehnung an Dean, Brian, www.searchenginejournal.com/infographic-googles-200-ranking-factors/64316 (20. 07. 2015) und Löffler, 2014, S. 352 - 353.

Anhang 4   Google Anwendungen

Web	Erklärung
Chrome	Internetbrowser von Google.
Lesezeichen	Lesezeichen, um häufig besuchte Seiten im Browser zu sichern.
Toolbar	Separates Suchfeld von Google für jeden Browser.
Websuche	Die eigentliche Suchmaschine im Internet. Aktuell mit der Mobile Anwendung zur Sprachsuche. Suchanfragen können Google mündlich gestellt werden.

Google für unterwegs	Erklärung
Google für unterwegs	Verschiedene Google Anwendungen für das Mobiltelefon.
Google Maps für unterwegs	Das Kartensystem Google Maps auf dem Mobiltelefon.
Google-Suche für unterwegs	Die Suchmaschine Google für das Mobiltelefon.

Unternehmen	Erklärung
AdMob	Mobile Apps bewerben, rentabler und analysierbarer machen.
AdSense	Werbeanzeigen verschiedener Webpublisher auf der eigenen Website ausstrahlen.
AdWords	Werbeanzeigen in Textform in den SERP der Google Suche.
Google Apps for Work	E-Mail Konten, Kalenderfunktionen, Speicherplatz und mehr für Unternehmen über Google.
Google My Business	Zentrale Anwendung für die Präsenz von Unternehmen auf Google+, in der Google-Suche und auf Google Maps.

Medien	Erklärung
Bildersuche	Die Bildersuche in der Google Suchmaschine.
Google Bücher	Textsuche in Büchern mit jeweiliger Leseprobe.
Google News	Zeitungsartikel aus verschiedenen Quellen lesen.
Picasa	Fotos ordnen, bearbeiten und teilen mit Google+ Funktion.
Videosuche	Die Videosuche in der Google Suchmaschine.
YouTube	Social Media und Suchmaschine für Videos.
Geo-Produkte	Erklärung
Google Earth	Virtuelle Ansicht der Erde über Google.
Google Maps	Karten und Wegbeschreibungen auf Google.
Panoramio	Fotos nach Standort entdecken über Google Maps.
Spezialisierte Suche	Erklärung
Benutzerdefinierte Suche	Suchfunktion auf bestimmte Websites beschränken.
Google Scholar	Wissenschaftliche Artikel durchsuchen.
Google Trends	Häufigste Sucheingaben und Trends.
Google Tabellen	Dokumente online erstellen und mit anderen bearbeiten.
Google Übersetzer	Übersetzer von über 50 Sprachen.

Kommunikation	Erklärung
Gmail	E-Mail Service von Google.
Google Cloud Print	Verschiedene Drucker über das Internet verbinden.
Google Docs	Dokumente online sammeln und mit anderen bearbeiten.
Google Drive	Online Speicherplatz.
Google Formulare	Druckbare Formulare online gestalten.
Google Kalender	Im Internet abrufbarer Kalender.
Google Notizen	Notizzettel online.
Google Präsentationen	Präsentationen über Google erstellen.
Google Sites	Website oder Lexikon über Google erstellen.
Google Store	Einkaufen von Google Produkten bei Google.
Unterhaltung	**Erklärung**
Blogger	Google Blogs erstellen.
Google+	Social Media von Google+. Kommunikation wie im echten Leben.
Google Groups	Digitale Diskussionen und Mailinglisten.
Hangouts	Unterhaltungen im Chat oder per Videoübertragung.
Innovation	**Erklärung**
Google Code	Anwendung für IT-Spezialisten und Entwickler.

Quelle: Schmidt, Eric, unter: www.google.ch/intl/de/about/products (28. 08. 2015).